Barbara Sophia Tammes

# design interior

Barbara Sophia Tammes

# design interior

## faça uma limpeza mental, organize seus pensamentos e redecore a sua vida

Tradução de Vera Caputo

Título original: *A Blueprint for your Castle in the Clouds – Make the inside of your Head your Favorite Place to Be.*



*O texto deste livro foi fixado conforme o acordo ortográfico vigente no Brasil desde 1º de janeiro de 2009.*

PREPARAÇÃO: Claudia Gomes
REVISÃO: Olivia Yumi Duarte e Rosi Ribeiro Melo
CAPA: Rodrigo Frazão
IMAGEM DE CAPA: Barbara Sophia Tammes
PROJETO GRÁFICO: Barbara van Ruyven
IMPRESSÃO E ACABAMENTO: Ipsis Gráfica e Editora S/A

1ª edição, 2015
Impresso no Brasil

Dados Internacionais de Catalogação na Publicação (CIP)
(Câmara Brasileira do Livro, SP, Brasil)

---

Tammes, Barbara Sophia
Design interior: faça uma limpeza mental, organize seus pensamentos e redecore a sua vida / Barbara Sophia Tammes; tradução de Vera Caputo. -- São Paulo: Alaúde Editorial, 2015.

Título original: Blueprint for your castle in the clouds : make the inside of your head your favorite place to be.
ISBN 978-85-7881-279-9

1. Autoajuda 2. Bem-estar 3. Conduta de vida 4. Técnicas de autoajuda I. Título.

15-01123 CDD-158.1

---

Índices para catálogo sistemático:
1. Conduta de vida : Psicologia aplicada 158.1

2015
Alaúde Editorial Ltda.
Rua Hildebrando Thomaz de Carvalho, 60
São Paulo, SP, 04012-120
Tel.: (11) 5572-9474
www.alaude.com.br

para
tommie sophia
e rover

Transforme suas palavras em verdades
e então transforme essas verdades em amor...

*"As", de Stevie Wonder*

| | |
|---|---|
| Introdução | 11 |
| Imagine Só | 12 |
| Ferramentas | 14 |
| A Chave | 16 |
| Castelos pré-fabricados | 18 |
| A Casa de Praia | 19 |
| O Pavilhão de Chá | 21 |
| A Casa na Árvore | 25 |
| Design Interior | 29 |
| Siga o seu Nariz | 30 |
| Salão | 32 |
| Cozinha | 36 |
| Saguão das Lágrimas | 42 |
| Spa Mental | 50 |
| Escritório | 60 |
| Sala da Felicidade | 74 |
| Suíte da Vergonha | 76 |
| Brinquedoteca | 82 |
| Pequena Capela do Espírito | 88 |
| Pátio Interno | 98 |
| Ateliê | 102 |
| Galeria | 105 |
| Salão de Festas | 108 |
| Jardim dos Desejos | 114 |
| Biblioteca | 122 |
| Closet | 126 |
| Suíte Luxuosa do Mal | 132 |
| Cinema della Memoria | 136 |
| Estábulo | 142 |
| Átrio do Coração | 148 |
| Saleta da Torre | 152 |
| Câmara dos Tesouros | 154 |

Todo mundo pode ter um Castelo nas Nuvens. Um lugar para se recolher. Um refúgio onde você se sente perfeitamente à vontade. Um lugar de possibilidades infinitas onde você está no comando e tudo é exatamente como você gosta.

A melhor coisa de um Castelo nas Nuvens é que lá não há listas de espera. Não é preciso licença para construir, dar explicações aos vizinhos, obedecer a quaisquer leis, lidar com falhas ocultas ou respeitar as restrições de zoneamento.

Cada um pode ter seu próprio Castelo nas Nuvens. Neste caso, os mais ricos não têm prioridade de escolha, mas sim os que têm riqueza de espírito e de imaginação. O alicerce do Castelo nas Nuvens são as fantasias de cada um. O Castelo nas Nuvens é uma criação da sua mente e pode ser tão grande e tão detalhado quanto você imaginar. Se a ideia de desenhar o seu Castelo nas Nuvens lhe agrada, sinta-se à vontade. É uma excelente desculpa para comprar um bonito diário ou um bom caderno de desenhos. Nele você pode anotar as respostas às perguntas que forem surgindo à medida que o seu castelo for sendo construído; mas isso só se você quiser. E se você for uma pessoa que se preocupa em fazer tudo da maneira mais correta, esqueça. Não é esse o caso. Você não precisa terminar a lição de casa nem responder corretamente a todas as perguntas. A resposta que você der hoje talvez não valha mais amanhã. A resposta que hoje lhe parece certa talvez amanhã seja contraditória. Melhor deixar um espaço para a mudança, para a dúvida. E, diferentemente da sua casa feita de tijolos, o seu Castelo nas Nuvens pode estar sempre em construção.

Basicamente, você vai redecorar o interior da sua cabeça. Pode-se dizer que será uma espécie de arquitetura mental, o verdadeiro design de interiores: o design interior. Você criará espaço para o que já tem dentro de si, um ambiente bonito para cada coisa. Sua imaginação é capaz de criar um Castelo nas Nuvens magnífico, um oásis inerente com 25 cômodos para expandir a mente (três castelos pré-fabricados, vinte cômodos, jardim e estábulos) e que permitirá que você se veja com serenidade. O seu castelo é um *playground* de autodescobertas, um lugar agradável para um encontro consigo mesmo.

O seu Castelo nas Nuvens é um lugar para imaginar a sua felicidade. Usar a imaginação é muito bom. É a oportunidade de nos perdermos por um tempo. Mas a imaginação também tem o poder de transformar a realidade e de recriar a nossa autoimagem, para retornarmos renovados.

A sua mente deve ser o seu lugar favorito. Deixe-a bem bonita. Decore-a com ideias iluminadas, percepções esclarecedoras e pensamentos amáveis. Basta usar a sua imaginação.

As crianças sabem construir Castelos nas Nuvens muito melhor do que aqueles que estão nesta vida há mais tempo. Então, quanto antes você começar a construir o seu, melhor. Reaprenda a usar a imaginação, a ter pensamentos divertidos e belos – só para variar! Mas a imaginação também pode servir a propósitos mais nobres: afastá-la do seu cotidiano, com todas as suas regras e restrições, e fazê-la sonhar com novas possibilidades. Se não existissem limitações, quais seriam os seus desejos? Tenha coragem de trazê-los para a vida real. E veja quantos consegue realizar. O caminho que nos leva a novas realidades passa pela imaginação. Se você não consegue imaginar e visualizar o futuro que deseja, como quer que ele se torne realidade?

Enquanto o seu pensamento estiver limitado por regras, leis e restrições, a sua realidade jamais se ampliará. Mas, se você expressar os seus desejos mais sinceros em palavras, vivenciá-los em imagens, reconhecê-los em aromas e senti-los como emoções, os paradigmas mudarão e uma nova realidade será criada. É o que chamamos de profecia da realização de desejo. Que é muito similar a uma profecia autorrealizadora; se você tem certeza de que algo dará certo, provavelmente dará mesmo, assim como o oposto também é verdadeiro. Ao se concentrar em seus desejos, e não nos seus medos, as chances de direcionar corretamente a realidade serão maiores, bem como a probabilidade de você ser bem-sucedida. Depois de certo estágio da vida, quando se espera que se aja como um adulto, as fantasias são vistas como perda de tempo. Por outro lado, todos dizem que é necessário ter foco. O curioso é que o foco, na verdade, não passa de uma fantasia teimosa e insistente: uma fantasia que gruda no seu pescoço e não se solta nunca mais, por mais que você queira se livrar.

Quanto mais você usar a sua imaginação, maior será a probabilidade de que suas fantasias criem raízes e se transformem em foco. E não se esqueça: ter boas ideias é a melhor motivação para sair da cama de manhã.

Você se imagina com os cabelos soltos ao vento, galopando através de um belo vale sobre um fogoso alazão, mas na realidade está girando em círculos no lombo de um velho pangaré chamado Muffin, tentando aprender os fundamentos da equitação.

Você se imagina sentada a uma mesa bem-posta, rodeada de amigos sorridentes e divertidos, mas na realidade está descarregando as compras do carrinho e se contendo para não agarrar a atendente do supermercado pelos

> Tudo começa com a imaginação. A imaginação é a fonte, a comida, o combustível para entrar em foco – e muito provavelmente para tudo o que você faz.

cabelos porque ela joga suas compras sem o menor cuidado do outro lado da caixa registradora.

Então, dê mais espaço à sua imaginação. Com o passar dos anos, tende-se a acreditar mais e mais nas leis, nas regras e nos limites que as pessoas criam para si e para os outros. Você pode começar a pensar que o seu chefe pode lhe dizer o quanto você vale ao decidir se aumenta ou não o seu salário. Ou que o amor é medido pela quantidade de elogios que recebe – ou pensa que está recebendo. Ou que o fato de ser convidada para aquela festa significa que você é popular. Pois fique sabendo que apenas está permitindo que outras pessoas assumam o controle sobre a sua realidade.

É por essa razão que construir o seu Castelo nas Nuvens vai ajudá-la a assumir o controle e ser quem você quer ser. Dessa forma você pode parar de brigar com a sua realidade e passar a concentrar sua energia em enxergá-la de uma nova perspectiva. De uma perspectiva muito superior, do lugar mais seguro, mais belo e desejável que você puder imaginar, onde você é livre para ser o seu eu superior. Olhe para a sua antiga realidade do alto do seu Castelo nas Nuvens.

Sabe, muitas vezes é necessário crer para ver.

Este livro estimulará a sua imaginação como tudo o que possa querer no seu castelo. Explica desde como começar a construí-lo até quais perguntas devem ser feitas para revelar seus verdadeiros desejos. Estimula as boas escolhas oferecendo inúmeras opções. É como um catálogo de compras: se houver uma página de aspiradores de pó, automaticamente você começará a decidir entre um deles, mesmo que não precise ou deteste passar o aspirador em casa. Quando se tem opções, é natural escolher.

Este livro vai elevar a sua imaginação a um novo patamar oferecendo opções de projetos para inúmeros ambientes que expandirão sua mente. Pense em como você se sente quando entra em uma igreja ou em um museu. Os ambientes são capazes de influenciar o estado de espírito.

Então vá em frente e satisfaça os seus ilimitados e infinitos anseios materialistas. Dê a si mesma tudo o que merece, tudo o que lhe falta e muito mais. Torres, salões de festa, cachoeiras, praias particulares, tudo o que quiser. Não se preocupe com dinheiro ou sobre comprar o que não serve. Não se sinta culpada, porque desta vez você só vai enriquecer.

Para começar a construir um elaborado Castelo nas Nuvens, abra espaço na cabeça, esteja aberta para fantasiar e expanda sua mente. É fundamental ter tempo, mas a intensidade dos pensamentos é sem dúvida o mais importante. Para concentrar a sua atenção na construção do seu Castelo nas Nuvens você tem que estar relaxada. E relaxar é uma coisa muito simples: se não estiver conseguindo, não force nada, apenas finja que está relaxando.

## RELAXAR

Um passeio ao ar livre é relaxante. Uma longa massagem é extremamente relaxante. Isso é indiscutível; o que quero dizer é que se você tiver tempo, tudo pode ser relaxante, até fritar um ovo. Mas vamos imaginar que você não tenha tempo.

Não é fácil relaxar, principalmente quando se está estressada. Mandar alguém relaxar é tão absurdo quanto aconselhar quem tem medo de cachorro a não ter – ou piorar ainda mais as coisas dizendo que os cachorros percebem o seu medo. Ter de relaxar = estresse = o oposto do relaxamento. Então não force nada. Esqueça.

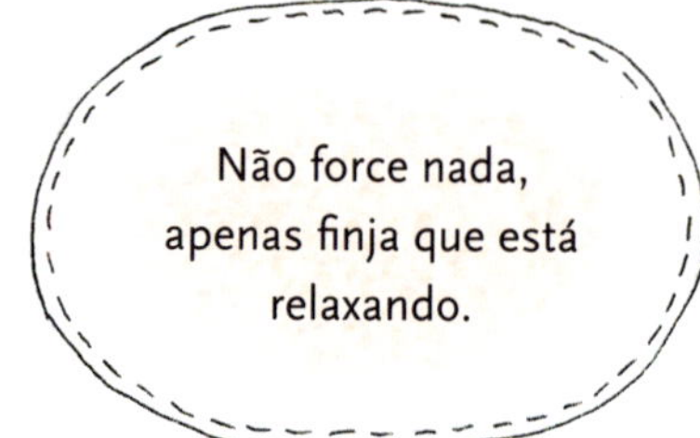


Apenas finja que está completamente relaxada. Visualize a si mesma em estado de total serenidade. Imagine-se assim. Comece pelo corpo, e o resto acontecerá. É sério! A cabeça acaba aceitando. Não se force a nada, apenas finja.

Os sinais físicos de um corpo relaxado são respiração tranquila, músculos soltos e reações controladas.

## RESPIRAR

Comece pela respiração. Ela é muito tranquila quando você está relaxada. Finja respirar tranquilamente. A respiração tranquila é lenta: inspire devagar e expire ainda mais devagar. Solte o ar muito, muito lentamente. A respiração não só fica mais lenta como também mais fácil. Quando você está relaxada, a respiração vem desde o abdômen. Respire expandindo a barriga quando inspira o ar e murchando-a quando o solta. Sente com as costas eretas, como se houvesse um cordão preso no topo da cabeça puxando-a para cima.

Relaxe os ombros e expanda a caixa torácica. Concentre-se em inspirar devagar e expirar um pouquinho mais lentamente – e entre isso, concentre-se em não pensar em nada.

## OS MÚSCULOS

Finja que seus olhos estão relaxando. Quando se está realmente relaxada, a boca e o maxilar se soltam. Finja abrindo-os um pouco, deixando os lábios soltos. Passe a ponta da língua pelo céu da boca; isso pode ajudá-la a bocejar. Pressione a língua levemente contra o palato para impedir que você trave o maxilar.

Solte os ombros – eles não são aquecedores de orelha. Suas mãos estão quentes e macias. Tudo está relaxado.

Imagine como se comporta cada molécula do seu corpo. Cada uma em seu devido lugar, mas fortes o bastante para sustentarem o próprio peso. Elas estão exatamente onde devem estar. Nenhuma molécula se apoia ou empurra as outras.

## AS REAÇÕES

Impeça seu corpo de reagir automaticamente. Você não perdeu o controle do que acontece ou vai acontecer à sua volta, mas de agora em diante vai fingir que nenhum sinal impulsivo está passando pelo seu corpo. Oi, desculpe, acabou de passar.

Digamos que seus filhos estão no banco de trás do carro e começam a brigar. Você ouve, vê o que está acontecendo pelo espelho retrovisor, poderia dizer alguma coisa se quisesse, mas vai fingir que nada está sendo registrado em seu corpo. Nenhuma mancha roxa no pescoço, ninguém ofegando, nenhuma necessidade de se virar para apartar a briga. Concentre-se apenas no seu corpo. Você observa as reações e as afasta. Inspira lentamente e expira ainda mais devagar.

Então, se um colega de trabalho leva crédito pelo que você fez e quer deixá-la em maus lençóis (muito esperto!), você sabe que é injusto e quer reagir, mas o corpo não participa: não se mexe, continua a observar. A cabeça enlouquece, mas você finge que o corpo não percebeu. Não altere a respiração, não mova um músculo. Continue respirando lentamente, abrindo a boca quando a língua pressiona o palato e os ombros permanecem caídos. Esse distanciamento emocional automaticamente lhe dará uma perspectiva mais ampla.

Controlar as próprias reações é a parte mais difícil. É aconselhável que as iniciantes tenham tempo e encontrem um lugar tranquilo. Quando os alicerces do seu castelo estiverem mais sólidos, você poderá visitá-lo, mesmo que brevemente, enquanto o mundo lá fora segue girando na mesma velocidade. Tome um banho mais demorado na sua (ainda a ser imaginada) fonte dourada.

Se não conseguir relaxar, não se preocupe. Mantenha os ombros colados nas orelhas e os olhos saltando das órbitas. Mas expresse o seu desejo. Em vez de dizer: “Não consigo, não consigo; ainda estou tensa”, diga sinceramente (não precisa ser em voz alta, apenas pense) “Ah, como eu gostaria de relaxar”. Suspire. E recomece.

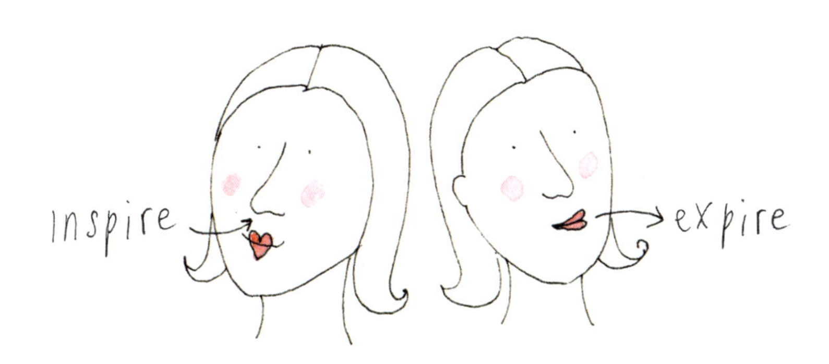

a chave

Então, vamos entrar. Esta é a chave do seu Castelo nas Nuvens.
Por favor, assine aqui para confirmar o recebimento das chaves e concordar com os termos do contrato.
Para criar uma fantasia convincente, você tem que se livrar das restrições racionais. Você fará isso ao assinar este termo:

Eu me permito fantasiar, sem qualquer outro objetivo – sem nenhuma razão, nenhum compromisso, como uma eterna criança –, sobre o que poderia ter sido, sobre o que jamais será, mas mesmo assim é bom e agradável, e sobre como eu quero que as coisas sejam.

Concedo a mim mesma a permissão para transformar a minha mente no meu lugar favorito.

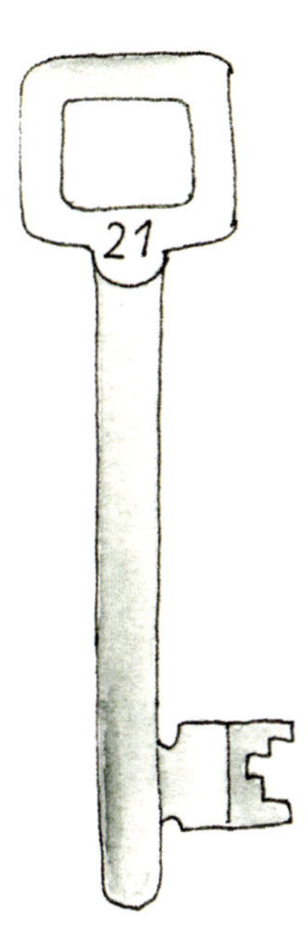


DATA | LOCAL | ASSINATURA

# Castelos pré-fabricados

Comecemos com três Castelos nas Nuvens pré-fabricados.
Você pode ocupar um deles enquanto constrói o seu.
E quando o seu castelo estiver terminado, pode usar o anterior
como casa de veraneio – porque é muito bom que outra
pessoa o tenha imaginado para você. Fique à vontade para
mudar o que quiser.

## 1. A CASA DE PRAIA

A casa de praia fica isolada em uma praia particular, numa baía tranquila. Ela é toda feita de troncos.

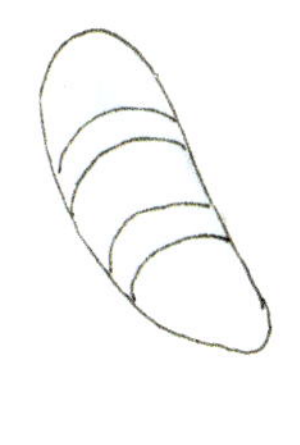

Na frente da casa há uma mesa e algumas cadeiras sendo molhadas pela maré. Perto dali, alguns tijolos dispostos em forma de ferradura abrigam a brasa para o churrasco. Os pilares que sustentam a casa são troncos de várias árvores diferentes. Alguns sinos de vento feitos com conchas ficam pendurados nas saliências desses troncos. Na varanda, do lado esquerdo, fica uma rede cor de laranja já desbotada.

A porta da casa, no centro da varanda, tem uma cortina feita de conchas e lasquinhas de madeira. Quando você entra na casa, vê duas poltronas do lado esquerdo. Um violão encostado na parede. E sobre a mesa uma grande gamela de madeira com frutas maduras e suculentas. Na parede mais distante há um pequeno balcão. Embaixo dele, um refrigerador com várias garrafas de água mineral. Do lado direito, uma cama enorme com lençóis limpos e travesseiros grandes, tudo sob uma ampla rede contra mosquitos. Ao lado da cama há uma pequena luminária de ovo de avestruz com vários orifícios. À direita da cama, uma janela com veneziana e, no canto, uma ducha decorada com bonitos azulejos marroquinos.

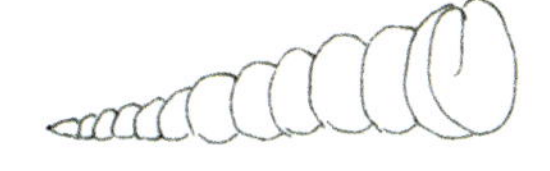

Agradável e aconchegante, a casa é refrescada por uma brisa sensual. É gostoso andar descalço sobre o piso de madeira. Sinta o cheiro de mar, a lenha queimando na churrasqueira, o vento, o sal, o calor do sol.

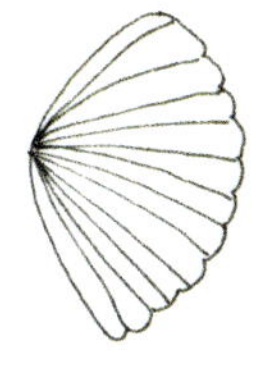

Ao entrar na casa, seu corpo fica mais flexível, mais forte, mais saudável. Você tira os sapatos. Os dedos dos pés são levemente separados, as unhas naturalmente polidas (ou esmaltadas, se você preferir).

Você está relaxada, sente-se atraente, sensual, cheia de vida e vagarosa (devido à atmosfera marinha), mas não desanimada. Seu andar é firme porque os pés afundam na areia. Você se sente confiante e segura. Sua pele parece ser o órgão mais importante do seu corpo. O sol aquece a pele, o vento sopra nos seus cabelos, você sente a maciez da malha da camiseta e a areia entre os dedos dos pés.

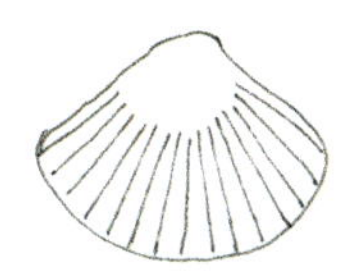

Seu corpo está em estado de completo relaxamento, mas é forte. Os músculos estão tonificados e ao mesmo tempo flexíveis. Você se sente bonita, tem os cabelos sedosos, os olhos brilhantes.

Agora, imagine que você está no chuveiro e a água morna cai sobre seus ombros. Você morde uma ameixa. A casca é fina, mas oferece certa resistência; o suco escorre pelo seu queixo e imediatamente é lavado pela água.

Massageie-se da cabeça aos pés com um creme cheiroso e sedoso. Espalhe o creme por todo o corpo, não se esqueça de nenhuma parte. Seu corpo está sadio. Os músculos estão firmes. Sinta as moléculas se movimentando, sem tocar uma na outra, cada uma em seu devido lugar.

Pense em quem você gostaria que estivesse com você. Imagine o que vocês poderiam fazer.

A Casa de Praia pode ser usada para imaginar que seu corpo está relaxado, livre de rigidez e bloqueios. Ela permite que a energia e os sentimentos circulem livremente através do corpo que te protege e no qual você se sente bem, para que você não precise se refugiar na cabeça. Se dependesse só do seu corpo, como seria a sua vida?

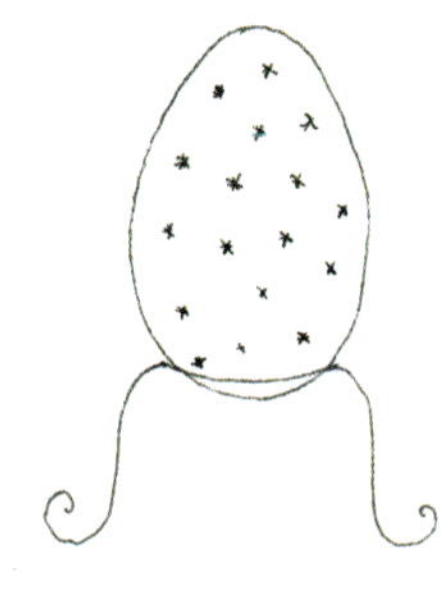

## 2. O PAVILHÃO DE CHÁ

É um pavilhão em estilo vitoriano, muito bem conservado, com janelas em toda a volta. Foi construído no início do século XX. Faz parte de uma grande propriedade que também abriga uma mansão, um galpão para carruagens e outro para barcos. Outras construções podem ser vistas através da vegetação e, às vezes, dependendo da direção do vento, ouvem-se vozes ao longe. São pessoas da família ou amigos, conhecidos, e até desconhecidos que um dia talvez se tornem seus amigos e familiares. Quem sabe?

O pavilhão está em uma clareira ensolarada sobre uma colina gramada. Sinta o cheiro de grama cortada, do ar puro, um sutil perfume de flores.

Você está caminhando por uma trilha de seixos brancos, grandes e redondos para não ferir seus pés descalços. Essa trilha serpenteia sobre a grama e termina no Pavilhão de Chá.

No fim da trilha, quatro degraus dão acesso a um pequeno alpendre. O corrimão de madeira é macio ao toque. Os degraus, também de madeira, já estão gastos, portanto, tenha cuidado ao subir. A porta de madeira com vidros se abre com facilidade e você entra em uma sala grande, iluminada por várias janelas. O piso é de carvalho polido. Os pássaros cantam, a brisa sopra e, ao longe, um violoncelo executa uma melodia clássica.

No fundo da sala, oposta à porta de entrada, há uma cama. Uma antiga cama de ferro batido com uma colcha de listras azuis e brancas. Sobre ela, cuidadosamente dobrada, uma manta está tão perfumada que parece ter acabado de chegar da lavanderia. À esquerda da cama há uma confortável poltrona de couro já curtido pelo tempo. A poltrona está de costas para a sala, voltada para a janela e para a vista lá fora. Ao lado dela, uma pequena estante com pelo menos três livros. Que livros você deixaria em um lugar como esse? Sobre a estante, repousam uma jarra com água mineral puríssima e quatro copos de cristal.

Do lado direito da cama há uma mesinha com uma caneta-tinteiro Montblanc, um vidro de tinta e folhas de papel com as suas iniciais gravadas.

Mais perto da porta, uma grande mesa redonda exibe um enorme arranjo de flores, que lembra uma tela do século XIX. Alguns botões ainda não abriram. Cheiram

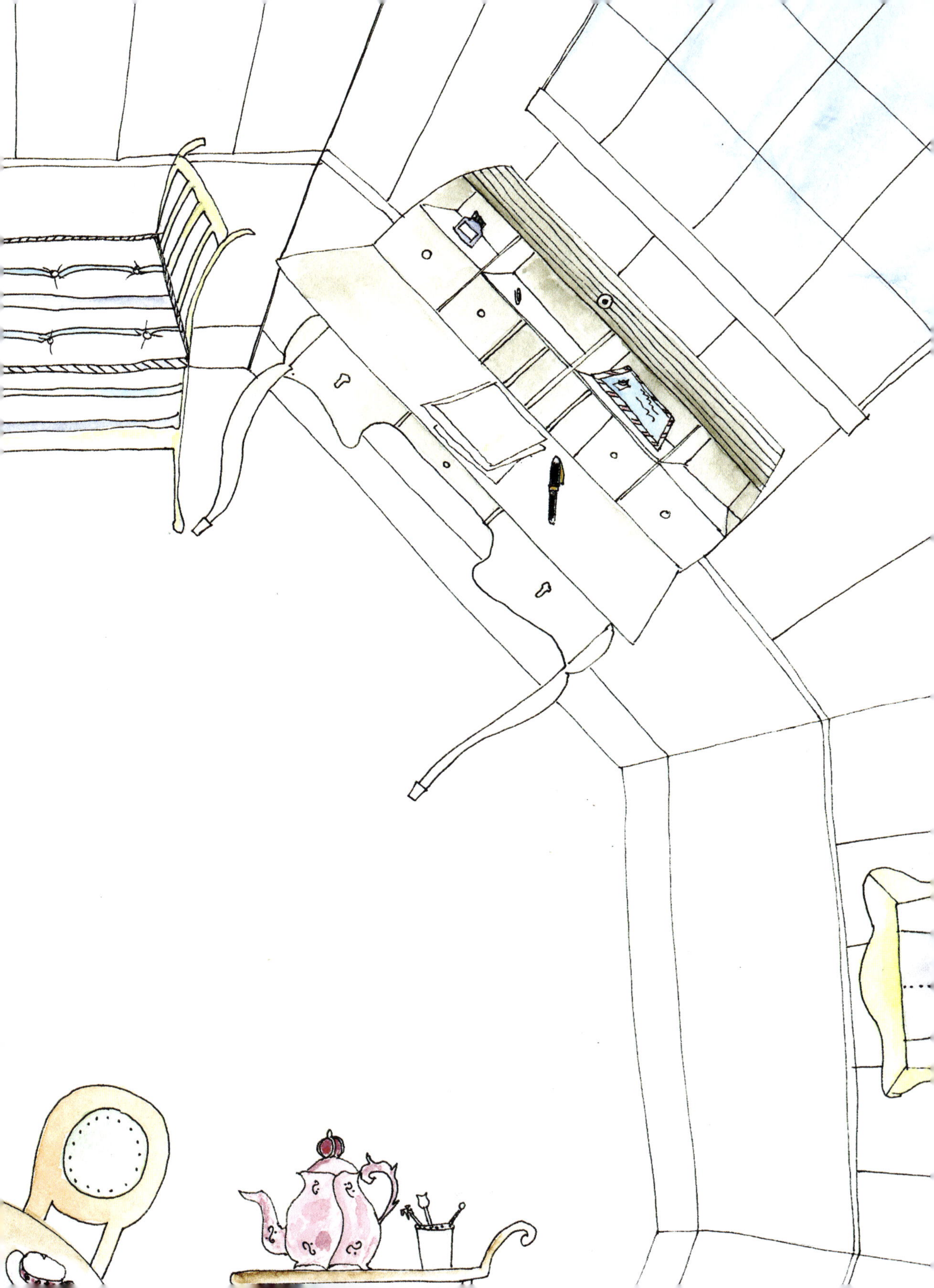

mais como uma promessa de perfume do que como o aroma estonteante que as flores abertas costumam exalar. Há uma cadeira de cada lado da mesa. Uma é de veludo verde-claro, a outra, de veludo azul-claro.

Perto da mesa fica um carrinho de chá com um antigo bule de porcelana chinesa e quatro xícaras e pires. Uma das xícaras está levemente lascada na borda, e seus lábios, quando a tocam, acusam o diminuto defeito. Dentro de uma pequena caneca de prata com seu nome gravado há três colheres de chá, todas de prata. Uma delas ostenta o brasão da sua terra natal, a outra, a inicial do seu nome e a última, um cavalinho de prata.

Na parede à esquerda, vê-se um retrato de um antepassado homem e, na parede oposta, o de uma mulher. Você não os conheceu, mas, quando olha para eles, os reconhece. É muito bom estar nesse local.

Tudo é muito agradável ao olhar.

Ao entrar no pavilhão, você sente seu corpo limpo. A cabeça, vazia e renovada. Você é inteligente; pensa com muita clareza e traduz seus pensamentos em palavras precisas. Caminha com as costas eretas. Respira com calma. De olhos bem abertos. Você se sente bem, está presente e alerta, mas tranquilo. O imponente salão lhe transmite uma sensação natural de paz e autoridade, um nobre sentimento de distanciamento das pessoas, dos objetos, do trabalho, dos problemas. O que proporciona uma perspectiva adequada do que acontece à sua volta. Seus lábios formam um leve sorriso; seus olhos têm um brilho sutil. Você veio ao mundo para se divertir.

Se alguém lhe perguntar alguma coisa, após um breve momento você responderá com clareza e objetividade, sem erguer o tom de voz. Você não sente medo nem raiva; este não é o lugar para emoções extremas. Você está totalmente aberta, mas nada a afeta; está alerta, mas não desconfiada.

Você pode usar o Pavilhão de Chá para imaginar-se em um estado de dignidade e calma. Nesse estado, como você lidaria com as solicitações da vida diária que a ocupam por um tempo desproporcionalmente longo? Imagine-se convidando a pessoa de quem você mais discorda para o Pavilhão de Chá. Como seriam as conversas entre vocês quando estivesse nesse estado?

## 3. A CASA NA ÁRVORE

Existe um carvalho centenário em uma floresta muito antiga. No alto dessa árvore, em segurança entre os galhos resistentes, foi construída uma casa. Uma escada com 21 degraus abraça o tronco até sua entrada. Do terraço, a vista do infinito mar de folhas verdes é deslumbrante. Lá há uma cadeira de balanço com uma manta de caxemira marrom sobre o encosto.

Você ouve o murmúrio do vento agitando as folhas.

A cabana tem uma porta de madeira com um coração esculpido no centro. Quando você abre a porta, entra em um único espaço. Tudo ali é de madeira: vários tipos espalham seu aroma característico: cedro, pinho, pau-rosa. O tronco da árvore atravessa o teto da cabana no centro do espaço.

As quatro paredes têm janelas com venezianas. O fogão a lenha aquece o ambiente. Sobre o fogão estão a chaleira e uma cafeteira de ferro esmaltado. E, no chão, um tapete grosso de pelo de carneiro. Em frente ao fogão há uma cadeira coberta com uma pele de carneiro e, na frente dela, um pufe forrado de lã. Sobre a mesa há um vaso com amarílis vermelhas e folhas de eucalipto.

No chão, encostado na parede, vê-se um tabuleiro de xadrez. Os quadrados brancos e pretos estão gastos pelo uso.

À direita da porta há uma cama embutida em um armário. As portas desse armário também têm um coração esculpido e estão abertas. Dentro dele podem ser vistos um acolchoado grosso, alguns cobertores macios e um travesseiro. Do teto, pende uma pequena lamparina. Ao pé da cama, há uma estante com alguns livros.

Quando você está nesta Casa na Árvore, sente claramente que faz parte de algo maior – é grande, intenso, seguro, protegido, sábio, próximo do paraíso, em comunhão com a natureza. Diante da grandiosidade e da beleza que a rodeia, não há outra opção senão sentir um profundo respeito por todas as coisas vivas, por você, inclusive. Na Casa na Árvore, você se fortalece e é grata pelo que possui e pelo todo do qual faz parte.

O ritmo da sua respiração diminui para acompanhar o da natureza, das folhas balançando ao vento. Sua voz interior se aquieta e o coração bate mais lentamente, como um urso hibernando. Você está desperta, renovada, em efervescente estado meditativo. É como se tivesse mil anos de idade, fosse tão velha quanto a árvore, já tivesse vivido tudo isso outras vezes.

Esse eu benigno, naturalmente brando e imparcial que vive definitivamente dentro de você tem chance de sair. Isso porque você está totalmente segura e protegida.

Graças ao silêncio, você está mais próxima e mais conectada com o que existe ao redor. E, com esse repouso, você está em estado de graça.

Use a Casa na Árvore
para imaginar-se em um estado
superior de consciência. Ao imaginar,
vivenciar, provar, cheirar, respirar
e sentir esse estado, estará
praticamente lá.
Ao desejar se conectar com tudo,
você estará aberta para que
a conexão aconteça.

decore sua mente
com novas ideias,
pensamentos positivos,
lembranças agradáveis
e muito, muito amor.
mantenha a cabeça
aberta, fresca e limpa,
como você faria com o seu
lugar favorito

Os Castelos nas Nuvens pré-fabricados – a Casa de Praia, o Pavilhão de Chá e a Casa na Árvore – se integram perfeitamente ao seu Castelo nas Nuvens. Não existem regras na hora de construí-lo.

Você pode acrescentar outros pavimentos e atribuir significados especiais. E colocar os aposentos mais nobres nos andares superiores, por exemplo.

Pode escolher as cores e os cheiros de que mais gosta e a estrutura e a arquitetura da sua preferência. O castelo será como você quiser: um palácio cor-de-rosa da Barbie, uma variação das construções de Gaudí ou uma simples choupana.

Nas próximas páginas você encontrará espaços específicos que oferecerão outras possibilidades a serem experimentadas, e elas podem ser alteradas e adaptadas às suas necessidades.

Você pode começar por onde quiser. Não se preocupe com muros de arrimo nem com nada muito técnico. Também não precisa terminá-lo. E você pode morar nele assim para sempre.

Respire calmamente dez vezes, contando, e imagine que cada respiração represente um degrau. A primeira decisão: ou você está subindo os degraus em direção ao céu, ou está descendo para imergir profundamente no interior de si mesma. A escolha é sua.

1

2

3

4

5

6

7

8

9

10

Antes de começar a decorar os ambientes, talvez você queira pensar sobre que cheiro gostaria que o seu Castelo nas Nuvens tivesse.

de sono
de grama cortada
de ar puro
de feno novo na estrebaria

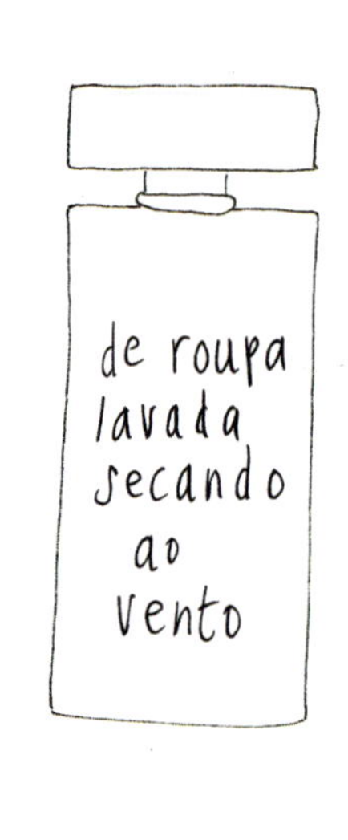
de roupa lavada secando ao vento

de baunilha

de pele bronzeada no fim da tarde

de banho tomado

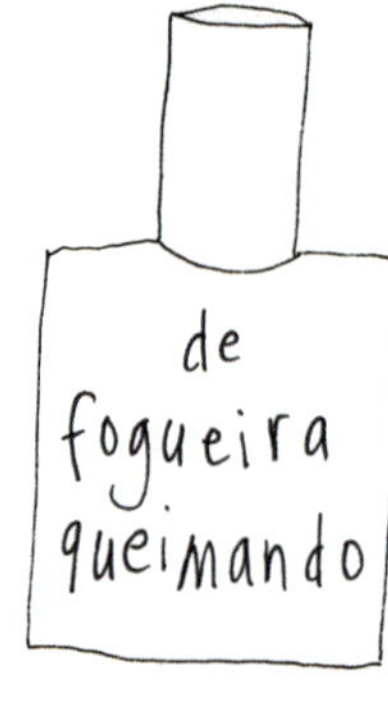
de fogueira queimando

de chuva na mata
de livro novo
de couro engraxado
de lençóis limpos
siga o seu nariz
de biscoitos de canela
de manteiga derretida no pão quente
de cappuccino e do jornal de domingo
de leite morno no hálito do bebê

# Salão

As suas habilidades sociais estão localizadas no Salão. É onde você se sente mais bela, mais vívida, mais refinada, mais perspicaz. Nele você poderia encenar uma peça de Oscar Wilde. Tem uma resposta inteligente, espirituosa e, ao mesmo tempo, encantadora para tudo. Absolutamente civilizada. Você se sente alerta e perspicaz, mas também relaxada. Seus olhos brilham, sua pele é macia como seda.

Você está cercada por tudo o que é belo. O que você vê?

## O ARMÁRIO DOS TROFÉUS

Imagine que no Salão há um armário com troféus. Nesse armário estão os símbolos de tudo que é motivo de orgulho para você. Há cinco taças de ouro reluzentes com placas de cobre sobre pedestais. O que está gravado nessas placas? Pode ser um desafio vencido (físico ou mental), uma superação, um objetivo atingido, uma conquista. Talvez uma boa decisão que você tenha tomado. Ou o melhor elogio que você já recebeu.

Só você pode decidir o que guardar aqui, pois só você sabe o esforço feito para merecer esses troféus. Em alguns dias, sair da cama de manhã, não entrar em uma discussão ou engolir o orgulho ferido é uma baita façanha. Superar medos injustificados – como usar um novo tom de batom, resistir ao assédio da balconista simpática, almoçar sozinha, dizer não para alguém – pode ser um bom motivo a ser gravado na placa de bronze de um troféu.

Você não precisa justificar os seus troféus a mais ninguém além de si. Faça como achar melhor.

Para começar sua coleção, ofereça a si mesma um troféu por:

1. Um medo superado
2. Uma boa decisão tomada
3. Alguma coisa realizada/concluída/conquistada
4. Um aspecto do seu caráter que é só seu
5. Um elogio precioso que alguém lhe fez

Exponha as taças para que todos as vejam. E certamente você não precisa guardar apenas cinco, mas pode acumular centenas. Quanto mais taças você tiver, melhor se sentirá; tente se lembrar de todas elas. Se conseguir, melhor ainda. E não se esqueça de reservar uma taça por ter sido tão generosa consigo mesma! Essa é uma excelente qualidade.

Estes são os seus troféus. O que está escrito nas placas?

Você vai ser entrevistada num programa de televisão. Está tomando chá em uma xícara de porcelana enquanto passa os olhos pelas perguntas que serão feitas. O que você vai dizer? Capriche nas respostas e deixe de lado a falsa modéstia.

- Como você se tornou quem você é hoje?
- O que as pessoas podem aprender com você?
- Você já era tão especial quando criança?
- Como enfrentava os contratempos da vida?
- O que se pode esperar de você no futuro?
- Que atriz poderia interpretar você?
- Que ator/atriz combinaria melhor com você?
- Que música conhecida poderia ser sobre você?
- Quem se apaixonou por você?
- Quem se apaixonaria por você se a conhecesse melhor?
- Você poderia falar um pouco mais sobre os seus cinco troféus?
  - Como venceu esse medo?
  - Como chegou a essa decisão?
  - Que desafios ou obstáculos teve que superar para conseguir isso?
  - Por que essa sua característica é tão única?
  - Por que esse elogio é tão importante para você?

No final a entrevistadora diz: "Estou feliz por ter tido a oportunidade de conhecê-la. Eu a admiro muito. Obrigada por dividir tantas coisas". Então, ela se volta para a câmera e informa a próxima atração do programa. Você já não ouve mais nada, pois está flutuando, tudo parece um sonho. Acabou de ser vista, de ser ouvida, foi muito aplaudida por ser quem você é. Já não era sem tempo.

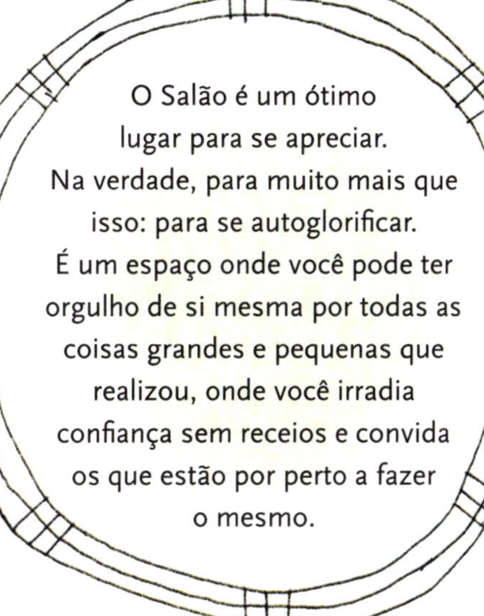

Você poder ir para a sua Cozinha interior quando estiver se sentindo constantemente bombardeada por impulsos e informações. Aqui você pode pensar no que quer, de fato, consumir ou digerir. São as decisões tomadas no cérebro que se refletem no estômago. Em vez de ter uma reação imediata, você leva essa decisão para a Cozinha e decide se quer cozinhá-la mais um pouco antes de consumi-la.

A Cozinha está no centro do seu castelo interior. É sempre quente e aconchegante, o cheiro é agradável e é um bom lugar para ser você mesma. É lá que você sacia a sua fome interior e se sente satisfeita – não enfastiada nem de barriga cheia, mas satisfeita, bem alimentada. É um estado básico do ser. Você está bem nutrida física, mental, emocional e espiritualmente, pronta para se lançar em grandes aventuras. Está verdadeiramente, completamente satisfeita, e esta é uma boa maneira de começar, e também de terminar, o seu dia. Você está aberta para tudo e para todos; qualquer coisa pode acontecer, mas se não acontecer nada, tudo bem. Você está em um estado neutro – um estado de repouso perfeitamente pacífico.

## ALIMENTE O CORPO

Além da comida, o exercício é uma necessidade essencial do corpo. Movimente-se. Não crie uma Cozinha muito pequena, pois não há lugar melhor para dançar. Ninguém está olhando, ninguém espera nada de você. Para alcançar o estado básico de repouso, você pode simplesmente dançar. Faça isso como quiser, fora do ritmo, desajeitadamente, sem constrangimentos, delicadamente, com movimentos pequenos, gestos extravagantes ou sensuais – de qualquer jeito –, desde que você se mexa no seu próprio ritmo.

Dance como os seus pais ou como os pinguins. Dance como um potro solto no campo, como a mariposa atraída pela luz, como uma bailarina. Dance como os índios, como os rastafáris. Dance, dance, dance.

## UMA DIETA SAUDÁVEL

O seu corpo é perfeitamente capaz de lhe dizer o que é bom para você e o que não é. O corpo é inteligente e não consumirá nada que cheire mal ou que pareça estragado. Se você puser na boca alguma coisa que não esteja boa, cuspirá imediatamente. O mesmo acontece com as informações, os impulsos, os comentários. Quem disse que você tem que engolir tudo que vê ou que ouve? Quem disse que tem que aceitar? Se é difícil digerir, não coma. Se o pão estiver mofado, você não reclama com o padeiro; simplesmente o joga fora. Por que não faz a mesma coisa com os comentários cruéis, os elogios manipuladores, as piadas de duplo sentido que a incomodam?

Tente decidir, assim como o seu corpo, se vai digerir ou não. Se, por engano, engoliu alguma coisa que teria sido melhor não engolir, dê-se um tempo para digeri-la.

Você pode usar um fogão especial na sua Cozinha. Da mesma maneira que fazemos com a comida, você pode cozinhar os comentários das pessoas um pouco mais para que fiquem menos duros. Imagine que seu fogão especial tem quatro fornos: um para aquecer, embaixo à esquerda, um para cozinhar, em cima à esquerda, um para assar, embaixo à direita, e o mais forte de todos, o que doura, no alto à direita. Escolha em qual deles você vai cozinhar o comentário. Se for só um pouco incômodo, ponha-o para aquecer enquanto você deci-

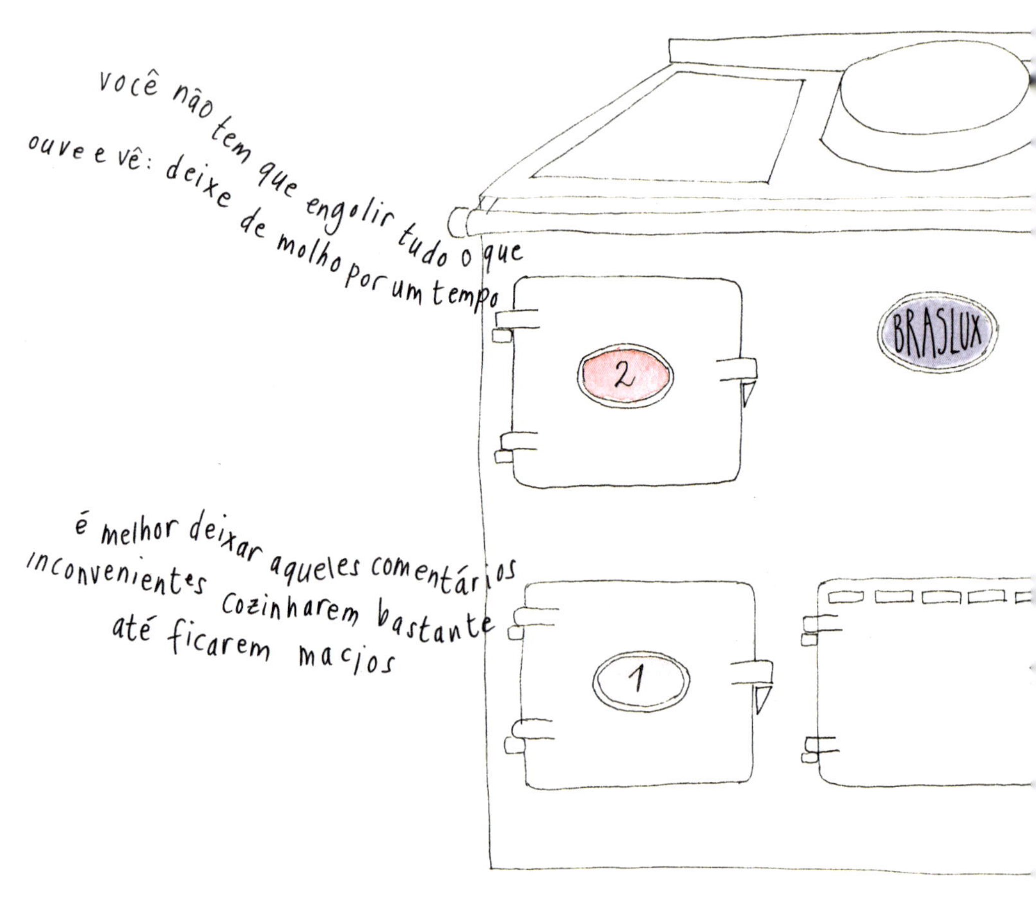

de se vai "engolir" ou não. Um comentário maldoso e ofensivo pode assar em fogo alto. Deixe no forno por um tempo. Se não estiver no ponto, não tire, deixe lá até virar cinza. Você não é obrigada a aceitar tudo o que as pessoas dizem a seu respeito. Assim como quando lhe oferecem um presente ou um prato de comida, diga simplesmente "Não, obrigada".

Ao criar um intervalo de tempo entre o comentário ou a informação recebida e a sua decisão de aceitá-la ou não, você assume a responsabilidade pelo seu bem-estar. É o momento da escolha. Você não pode controlar o que alguém vai lhe dizer, mas pode escolher se engole o comentário ou não.

Na Cozinha você pode se alimentar de informações e pensamentos que contribuem para o seu bem-estar. O seu fogão especial é um complemento, um sistema de avaliação para ajudá-la a descobrir quais informações a energizam e quais consomem a sua energia.

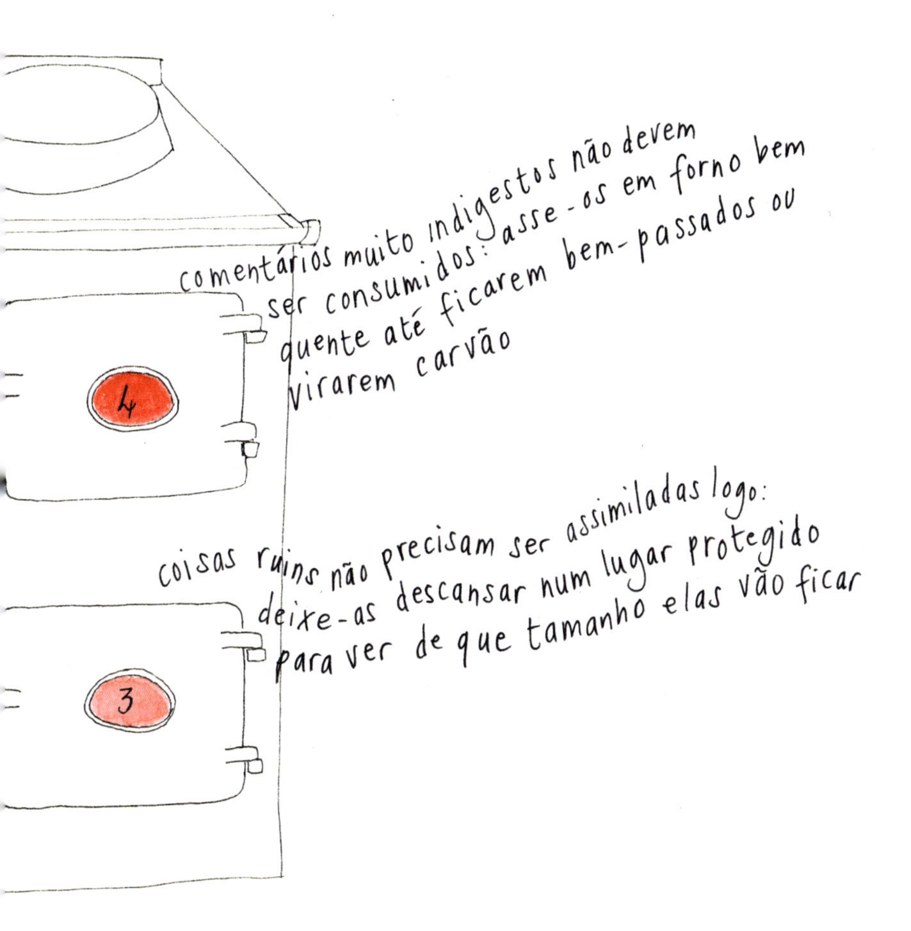

Você não precisa consumir
certas informações e estímulos,
assim como pode escolher alimentar
a mente com palavras e pensamentos
positivos. Qual xícara você
escolheria agora?

cons
ciên
cia
grati
dão
paz
amor
se
re
ni
da
de
bom
HUMOR

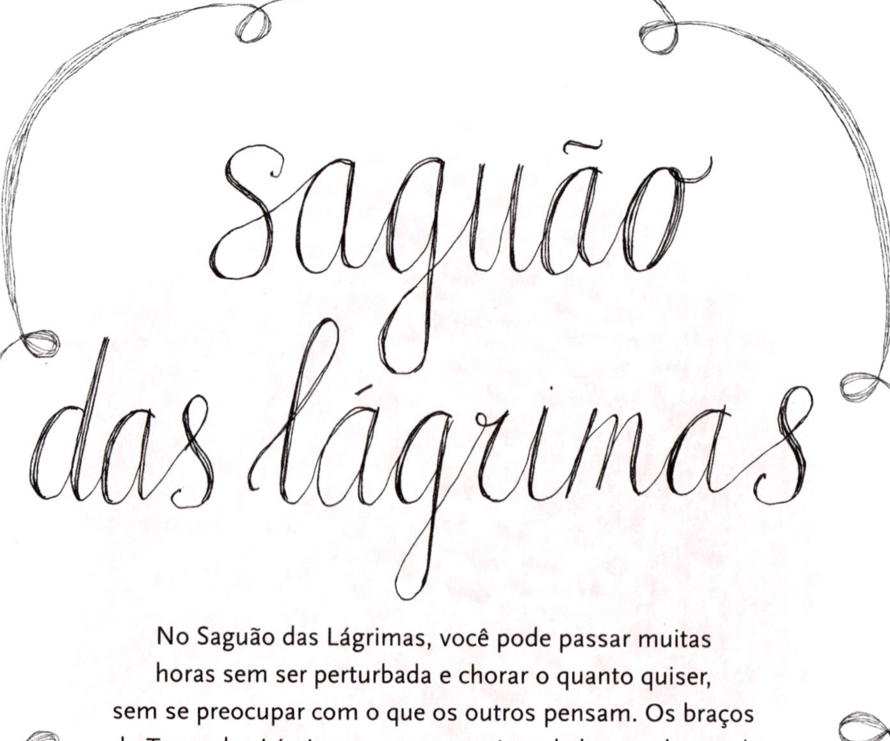

# Saguão das lágrimas

No Saguão das Lágrimas, você pode passar muitas horas sem ser perturbada e chorar o quanto quiser, sem se preocupar com o que os outros pensam. Os braços do Trono das Lágrimas possuem caixas de lenços de papel. A música de fundo é muito triste. Não há nada que a alegre. Não há ninguém para confortá-la, ninguém para discutir e ninguém de quem se esconder. Aqui você não precisa justificar as suas lágrimas para ninguém.

No Saguão das Lágrimas, suas lágrimas ficam guardadas em garrafinhas com etiquetas identificando o que a fez chorar – quando precisar chorar sobre isso outra vez, será fácil encontrar. É possível saber por tudo o que já se chorou antes quando você precisar chorar mais.

Nem todos sabem chorar. Talvez porque têm medo de não parar mais. Mas cá entre nós: alguns sofrimentos são tão grandes que é melhor nem começar. A tristeza é universal. E por isso você pode delegar uma parte do seu sofrimento às choronas profissionais; elas choram por todo o sofrimento do mundo e ficarão felizes em chorar também pelos seus. Observe-as e aprenda como se chora de verdade – não com aquelas queixas lastimosas que às vezes nos escapam, mas um pranto real, entremeado de lágrimas e soluços. É muito melhor causar compaixão no outro do que sentir pena de si mesma.

Você sabe que há uma quantidade finita de lágrimas para cada tristeza. Se a dor for muito profunda, é melhor ter pessoas para chorar junto – ou você chorará o resto da vida e ainda terá lágrimas para derramar. Escolha uma das nossas profissionais e deixe que ela comece a chorar por você. Ou então peça que ela termine o trabalho quando você não aguentar mais chorar. Se quiser, também pode contratar os milhares de membros do Exército Lacrimal para chorar infinitas lágrimas por você. Quantas pessoas vão chorar e por quanto tempo? Quantas lágrimas este sofrimento merece? Só você sabe dizer.

Você pode chamar muita gente para ajudá-la a superar a sua dor ou imaginar uma pessoa específica. Quem deixaria seu coração mais leve se assumisse parte do choro necessário? Pense em alguém que você gostaria que a ajudasse a chorar uma tristeza.

Que garrafas de lágrimas estão no seu Saguão das Lágrimas?
Sua cota de lágrimas já se esgotou?
Ou ainda restam lágrimas para chorar?

## NOSSAS PROFISSIONAIS:

### GAIA

Gaia é como uma imensa e inesgotável cachoeira, um jorro infinito de lágrimas por todas as crianças e pessoas queridas. Gaia é o sofrimento maternal. É extremamente compreensiva e, com amor e compreensão, derramará quantas lágrimas você precisar. Você pode solicitar sua ajuda para chorar exclusivamente por sua dor por um período curto, porém intenso, ou mergulhar no sofrimento do mundo e tê-la chorando em período integral, até que suas lágrimas se diluam lentamente na corrente universal.

### DOLORES

Para aquelas lágrimas que você pensa não merecer, Dolores é a nossa especialista em tristezas confusas e misturadas. Talvez o seu sofrimento não seja feito só de tristeza, mas de um pouco de raiva. Mesmo que o sofrimento não seja de pura tristeza, as lágrimas a serem derramadas serão. Dolores sente tanta empatia que pode produzir e derramar lágrimas sinceras por você até nos casos mais nebulosos de dor, sofrimento, ciúme, confusão, vergonha e insensibilidade. Seus serviços incluem também uma garrafa de cristal para recolher as lágrimas, de modo que você possa se lembrar – ou até mesmo para que possa provar – quanto sofrimento realmente havia.

Encontre alguém para chorar por você quando precisar. Escolha uma das nossas choronas profissionais.

## MARINA

Por mais que você cave, não encontrará água.
Marina é indicada para quem não consegue chorar nem se imaginando no Saguão das Lágrimas. Marina tem um mar de lágrimas para cada tristeza. Não é porque você não consegue chorar que não conhece tristeza e sofrimento.

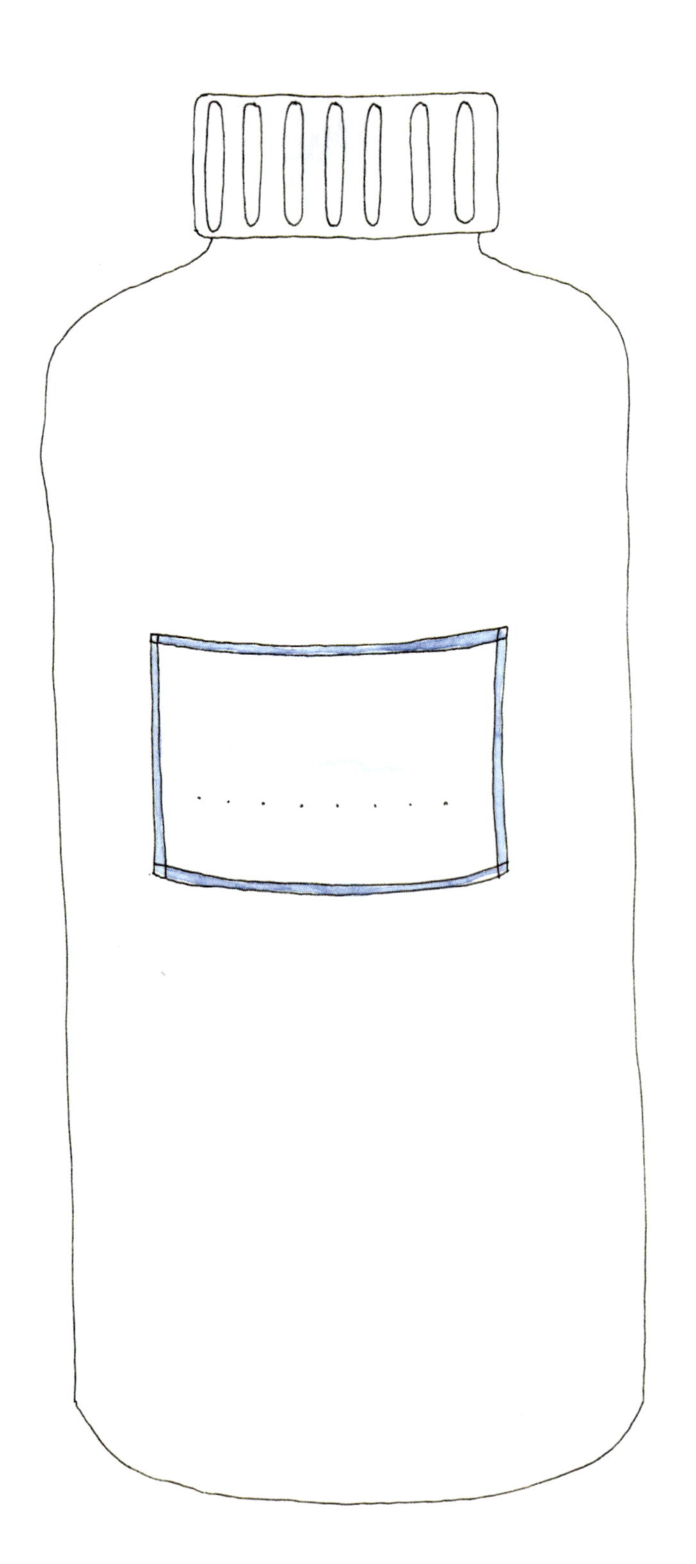

Qual foi a sua maior tristeza?
Já chorou tudo o que podia por ela?

O Saguão das
Lágrimas pode ser usado para
fazer um inventário dos seus sofrimentos.
Todo sofrimento tem uma quantidade limitada
de lágrimas a ser derramada – por você ou por outra
pessoa – sem consolo ou piedade. Às vezes, você
descobre que uma determinada situação nem é tão ruim.
Mas talvez você não queira admitir para o resto do mundo
e nem precisa. (No fundo, você se sente aliviada porque
aquele cachorro velho finalmente se foi, mas não
precisa contar isso para ninguém – nunca.) Há também
aquelas tristezas que ainda não foram superadas,
mesmo que ninguém entenda. (Que você
ainda sente falta daquele cachorro velho,
mas também não precisa dizer
a ninguém.)

Nas páginas
seguintes, você pode
escolher os rótulos
que quiser para as
suas garrafas de
lágrimas.

pelas amizades sem futuro

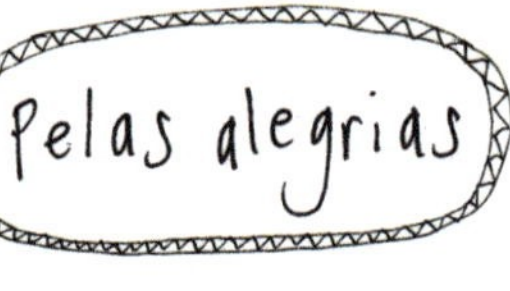

por todo aquele sofrimento

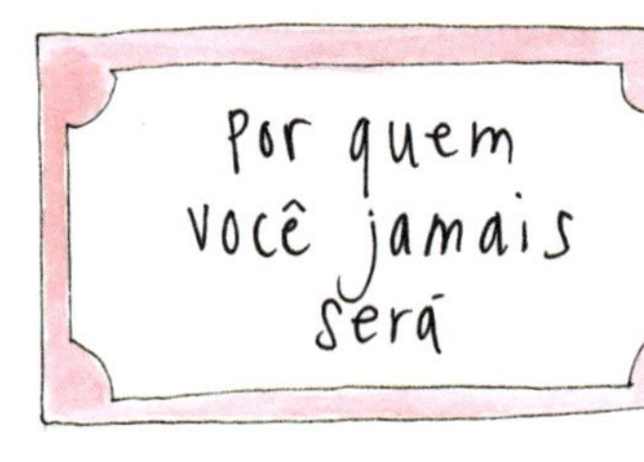


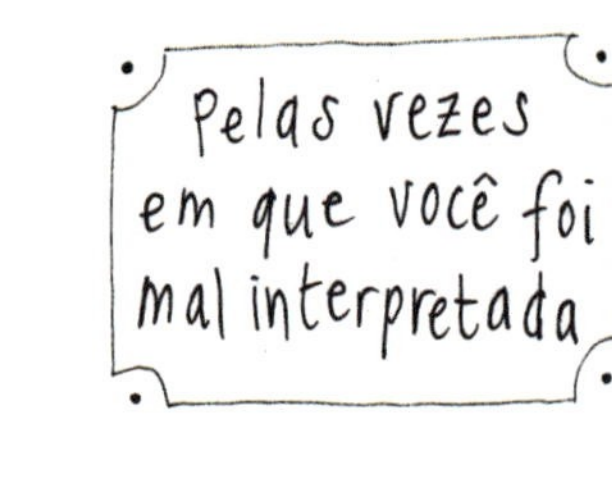


pela mágoa que você causou

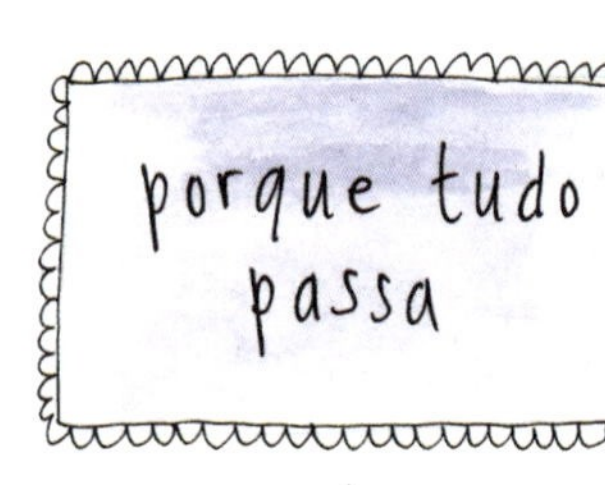


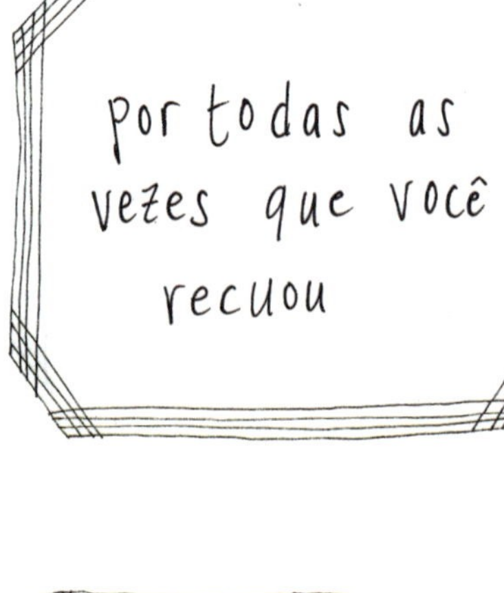

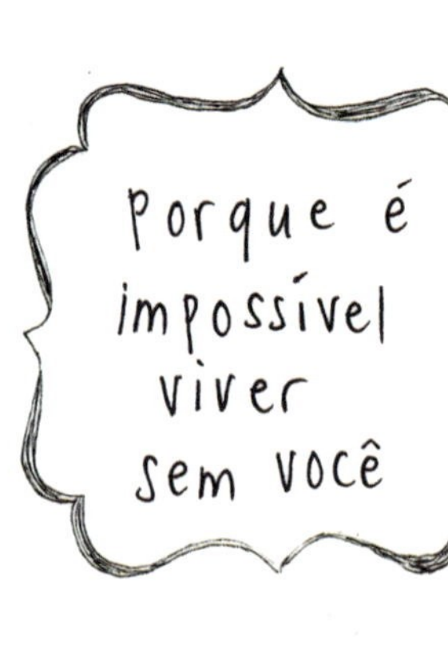


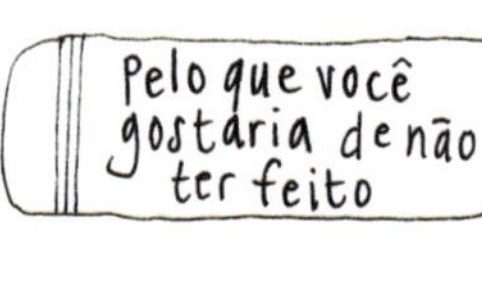

por perder a fé

porque você sempre acaba sozinha

pelas injustiças

porque é difícil aceitar que a vida continua sem você

pelo que eles jamais poderiam ter feito

pelas chances perdidas

porque poderia ter sido diferente

pelo inconcebível sofrimento deste mundo

pela tristeza que vai diminuindo

por tudo que não deu certo

porque é uma droga

por perder a confiança

pelas lembranças que você gostaria de ter

por todas as vezes que você não foi fiel a si mesma

por tudo que você não fez

# Spa mental

Você pode projetar um Spa Mental em seu Castelo para limpar da cabeça certos pensamentos perturbadores e limitadores, assim como se lava a cabeça com xampu.

No seu chuveiro de verdade, você se lava com sabonete, trata os cabelos com xampu e condicionador, depois se seca com uma toalha e passa um hidratante no rosto. Por fim, borrifa um pouco de perfume pelo corpo. (A propósito, como dizer aos rapazes que um borrifo é muito diferente de tomar banho de perfume?) Só assim você fica e se sente bem e limpa.

Mas, enquanto isso, no interior da cabeça lavada se proliferam pensamentos corrosivos, dissimulados, repetitivos e falsos, como se brotassem espontaneamente. Por isso, você precisa incluir no seu Castelo um Spa Mental, para limpar da mente tudo o que puder perturbar, limitar, destruir, e então conseguir uma cabeça limpa e atraente por dentro e por fora, sem esconder pensamentos terríveis sob um belo penteado.

No Spa Mental, enquanto você faz as unhas, aplica uma máscara no rosto ou recebe uma massagem de pedras quentes nas costas, também está se livrando de todas as irregularidades da sua mente.

## AR PURO

Antes de iniciar o seu tratamento de beleza mental, é preciso identificar os pensamentos perturbadores. E aí está o problema. Provavelmente você já os considera partes de si mesma e eles nunca a abandonarão. Você pensa que esses pensamentos são a sua essência. E isso tornará muito difícil se livrar deles.

Você pode imaginar que esses pensamentos são pássaros – pássaros barulhentos. E, como pássaros, da mesma maneira que pousam na sua cabeça, levantam voo. O segredo é não tentar segurá-los, mas deixá-los ir.

Os pássaros não incomodam ninguém quando você os vê pela janela. Da mesma maneira, você não tem que se incomodar com todos os pensamentos que passam por sua cabeça. Deixe que fiquem por ali, mas não tente prendê-los nem se identifique com eles, o que é muito pior. Apenas lembre-se: você não é seus pensamentos.

Não se sinta responsável por tudo que pensa. Qualquer pássaro pode entrar voando na sua cabeça. Em outras palavras, dependendo do que estiver acontecendo, qualquer pensamento pode passar por sua cabeça. Você é livre para pensar o que quiser, porque os pensamentos não dizem nada sobre você. No máximo, falam da sua imaginação, das coisas que você gosta, das suas frustrações num dado momento, mas nada sobre quem você é realmente. Não é uma boa notícia? Você não precisa prestar contas de nada do que pensa, só do que faz ou diz em decorrência do que pensa.

Os pensamentos intrusivos são de vários tipos. E como se fosse um ornitólogo, tem que saber identificá-los e nomeá-los. A que espécie eles pertencem? Se você os reconhece, é mais fácil impedir que poluam sua mente. Faça uma espécie de higiene mental. Tome um banho com toda a calma ou entre numa banheira de água quente, molhe a cabeça e pense nos pássaros voando dentro dela. Reconheça-os um por um e deixe-os ir – sem nenhum juízo de valor.

Quando os pensamentos passarem por sua cabeça, prenda uma etiqueta de identificação na perna deles para poder reconhecê-los depois. Fique atenta aos pensamentos que lhe ocorrem ao longo do dia ou durante uma semana. E descubra novas espécies além das listadas a seguir.

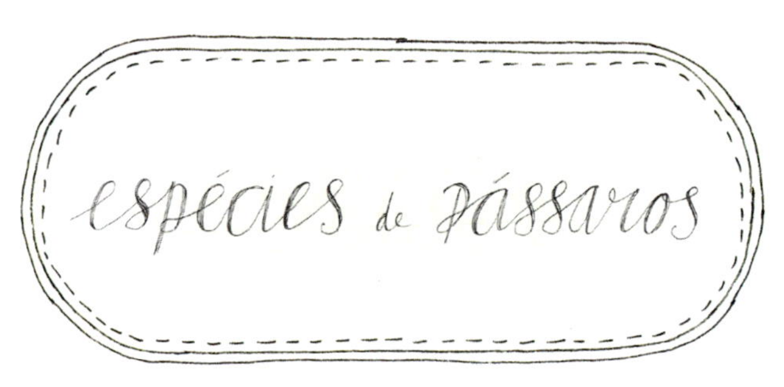


### O CHAMARIZ

Os Chamarizes são pássaros sedutores que insistem em distrair a sua atenção no meio de uma atividade. "O que será que está passando na TV?", "Vou dar uma olhada no *site* dessa loja", "Será que alguém leu o que eu postei no Facebook?" Ouça, reconheça, rotule e solte. É da natureza dos Chamarizes desconcentrar e distrair. Mas, se você não lhes der atenção, apenas passarão voando.

### O SABIÁ

Os Sabiás são os pensamentos autossabotadores, os mantras destrutivos: "Como eu estou gorda", "Sou puro osso", "Não sou boa nisso", "Agora é tarde demais", "E daí?", "Sou uma vergonha", "Não seja ridícula" e até mesmo "Quem você pensa que é?"

Dá para escrever um livro sobre as inúmeras variedades de Sabiás, mas o que eles têm em comum são as provocações nada construtivas. Seus comentários não são engraçados, nem pretendem ser. Tudo o que dizem é puro lixo, só serve para envenenar sua mente.

Os Sabiás são uma espécie muito comum que se adapta às mais variadas e bizarras condições. Em qualquer situação, sempre encontram motivos para provocar. Então, não se espante se eles surgirem com mais frequência do que você gostaria. Aprenda a identificá-los e solte-os.

pensamentos sedutores que desconcentram

sarcasmo e comentários que acabam com sua confiança

## O MERGULHÃO

Esse pássaro é um pensamento repetitivo que faz muito mal: "Ninguém me ama", "Eu não amo ninguém", "Não mereço ser amada", "As pessoas são más". Eles podem repetir uma frase que seus pais ou professores possam ter lhe dito que ainda ressoa na sua cabeça. O pensamento Mergulhão repete as mesmas coisas tantas vezes que elas acabam se tornando convicções. Essa é uma espécie muito resistente, parente dos Sabiás. A principal diferença entre eles é que o Mergulhão pode ser facilmente confundido com sua voz interior. São pensamentos que quase nunca são verbalizados. E como ninguém tem a chance de contradizê-los, facilmente são confundidos com verdades.

Os Mergulhões se disfarçam de percepções profundas, segredos inconfessáveis, verdades sombrias. Só é possível identificá-los pelo som. Eles não chilreiam nem piam, mas emitem um som que parece brotar do fundo da alma que geralmente vem acompanhado de pensamentos como "Que horror, mas é assim mesmo" ou "Tomara que ninguém jamais descubra".

Os Sabiás, obviamente, não são muito positivos, mas os Mergulhões podem ser confundidos com verdades. Embora não sejam tão comuns, deixam um rastro de destruição por onde passam e é mais difícil livrar-se deles.

Procure reconhecer o pensamento Mergulhão. Uma boa dica: um pensamento Mergulhão deixa você muito triste, mas sem ter certeza absoluta de que ele é real ou não (geralmente é).

O medo e a ansiedade são os ovos do Mergulhão. Quando são cuidados e estão bem alimentados, logo se tornam convicções arraigadas.

Reconhecer o Mergulhão pelo que ele é, uma projeção errada na qual você passou a acreditar, é uma grande vitória.

## O PARDAL

Sabe aqueles pensamentos incômodos que não saem da cabeça? Esse é o típico pensamento Pardal. Ele tem um piado monótono e repetitivo – repete sem parar os itens da sua lista de tarefas. O Pardal parece inofensivo, mas é capaz de provocar ataques de pânico. E, por repetir sempre a mesma coisa, você começa a pensar que a sua cabeça está repleta de pardais, mas geralmente é só um Pardal que quer chamar a sua atenção. O que você precisa fazer é localizá-lo e classificá-lo. Não permita que esses pensamentos Pardais se acumulem. Lembrar cinco vezes que uma conta precisa ser paga não significa que você tenha que pagar cinco contas. Identifique o Pardal e diga "Já sei que você está aí!" Depois o deixe ir embora.

Certos Pardais ficam repetindo grandes medos e preocupações – e por causa da repetição constante são fortes candidatos a serem eliminados pelo Spa Mental. Preste atenção no piado do Pardal, ouça o que ele diz e enfrente o problema.

uma ideia negativa sobre você que se tornou uma convicção

todas as preocupações da sua mente e tarefas da sua lista

## O PAPAGAIO

Os pensamentos Papagaio são os pensamentos intrusos que imitam o que outras pessoas disseram ou poderiam ter dito ou pensado. O Papagaio enche a sua cabeça com seu grasnar irritante: "Quando ela disse 'você devia estar trabalhando', o que quis dizer? Será que ela pensa que eu não trabalho? Que estou trabalhando demais? Que não me dedico o suficiente?"

O mesmo princípio que se aplica ao seu pensamento também se aplica ao pensamento das outras pessoas. Elas podem pensar o que quiserem porque somos todos livres para pensar o que nos vem à mente. Então, respeite a liberdade do outro e reaja ao que ele diz ou faz, e não ao que você pensa que ele pode estar pensando.

Já é muito difícil se ocupar dos próprios pensamentos; não polua ainda mais a sua cabeça preocupando-se com o que os outros pensam.

## O CUCO

O Cuco fica repetindo o próprio nome. O Cuco da sua cabeça faz isso porque só se interessa por ele (e você) e por mais ninguém. Se alguém conta uma história, o Cuco logo se identifica e tem muita dificuldade para deixar o outro terminar. Ele desvia a sua atenção do que está sendo dito e quer que você comece a falar de si, de suas experiências, opiniões ou qualquer coisa que diga respeito a VOCÊ, VOCÊ, VOCÊ. Caso queira justificá-lo, pode chamá-lo de entusiasmo.

O inteligente Cuco é ardiloso o bastante para sugerir uma pergunta que a faça parecer interessada no que o outro está dizendo, mas é só uma maneira de desviar a conversa de volta para VOCÊ, VOCÊ, VOCÊ. O Cuco é como um passarinho travesso que desmancha o seu cabelo, a sua estrutura mental, distraindo-a com conversa fiada. Agite os braços e assobie alto para espantá-lo. E abra-se para ouvir o que os outros têm a dizer.

repetindo o que os outros poderiam ter dito ou pensado

desviando todas as conversas de volta para você

## O PICA-PAU

O Pica-pau voa pela sua cabeça martelando os mesmos argumentos. Cada bicada reforça mais a sua visão do problema. Infelizmente, isso valoriza mais o problema do que a solução. O Pica-pau fica repetindo para você que o que a outra pessoa fez foi indelicado, desagradável, rude, insensato ou apenas errado. E, ao repetir incessantemente o suposto argumento vencedor, ele se coloca no caminho da solução – e, sobretudo, no seu caminho.

Quando houver um Pica-pau na sua cabeça, pergunte-se por que é tão importante ter razão. Talvez você queira ter razão só para obter permissão de si mesma e dos outros para se irritar, estabelecer limites ou o que quer que esteja sentindo. (Simplificando, se você levar um tombo e não houver ninguém por perto para chorar com você, o seu choro trará menos alívio.) Na realidade, só você pode saber o que a magoa, ofende, incomoda. Portanto, o Pica-pau e seus argumentos têm algo de muito peculiar. Você não precisa pedir permissão a ninguém para acreditar no que acredita e para sentir o que sente. Alguém sempre enxergará as coisas de outra maneira. Então, pare de bicar a árvore errada.

Em suma, o Pica-pau é o argumento que vem à sua cabeça e fica se repetindo sem parar. Identifique-o e veja como ele realmente é: um desperdício de energia mental.

## O CURIANGO

O piado desanimado e lamentoso do Curiango diz que você está sofrendo, que sua vida não é boa, que tudo está muito difícil. A diferença entre o Curiango e o Mergulhão é que o primeiro gosta de aparecer, enquanto o segundo finge que não existe, e seus lamentos se passam como seus sentimentos verdadeiros.

Da mesma maneira que as crianças se recusam a lavar as mãos ou a tomar banho, às vezes você pode relutar em soltar este passarinho.
Seja mais rigorosa consigo mesma e solte-o.

Lave as mãos antes de se sentar à mesa, visite seu Spa Mental antes de um encontro importante e livre-se desta praga.

martelando argumentos para vencer debates imaginários

lamentando o quanto a vida é difícil

## O PÁSSARO MIGRATÓRIO

O Pássaro Migratório é um pensamento que gosta de escapar – é quase um pensamento não pensado. Mas para escapar você tem que inventar todo tipo de desculpa: "Isso não é pra mim", "Farei mais tarde", "Não preciso disso", "Obrigada, mas passo". Às vezes, o Pássaro Migratório tem que negociar: "Amanhã eu paro", "Só mais cinco minutos. É melhor que nada". Diferentemente dos Sabiás, que adoram se mostrar, o Pássaro Migratório não quer ser visto. Essa diferença entre eles vai ajudar você a separar as duas espécies, embora se pareçam e muitas vezes ajam em conjunto. O nervoso Pássaro Migratório se esconde atrás do exibido Pardal.

## A ÁGUIA

A Águia voa muito alto, vasculhando a paisagem com seus olhos penetrantes. A Águia que está dentro da sua cabeça tem opinião sobre tudo. Vive comparando, relacionando, querendo entender o contexto geral. É um pássaro inteligente que pode até ser útil, mas só se for convidado por você a entrar e sair. Mas, se os comentários não derem trégua, logo se tornarão um aborrecimento. Às vezes, é bom vivenciar algo sem uma história, um planejamento ou programação. Haverá tempo de sobra para palavras e pensamentos mais tarde.

Se você está andando pela rua e a Águia pergunta "Eu gostaria de viver aqui?", imediatamente ela começa a raciocinar e a comparar, mas esquece de sentir o perfume das flores. A Águia descreverá em detalhes a pessoa que você acabou de conhecer. Então, se você der ouvidos, talvez não consiga enxergar o outro de verdade.

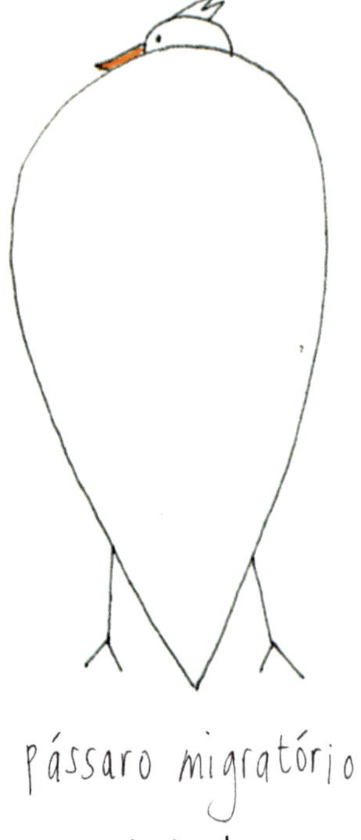

pássaro migratório

sempre tentando escapar

águia

autora de comentários sagazes que precisa ficar quieta de vez em quando

## HORA DA GRANDE FAXINA!

É muito fácil limpar a mente. Não precisa esfregar muito nem usar produtos de limpeza, basta identificar e abandonar algumas ideias infames que perturbam sua mente. Jogue-as na mesma lixeira que os cotonetes usados.

Você pode libertar os pensamentos perturbadores deixando ir um pássaro por vez, mas pode também se perguntar quais são os que passam voando algumas vezes por dia e "abrir a gaiola" para soltar todos de uma vez. É disso que se trata a higiene mental.

## A AVE-DO-PARAÍSO

Existem também os bons pensamentos, que são sempre bem-vindos. São as Aves-do-paraíso. Quando os outros pássaros se calam, elas voam pela sua cabeça dizendo coisas divertidas, belas e gentis. Quando a sua vida está se repetindo, é comum parar de notar as Aves-do-paraíso. Mas, se começar a ver sua rotina com novos olhos, as Aves-do-paraíso serão convidadas a lhe dizer coisas belas e divertidas.

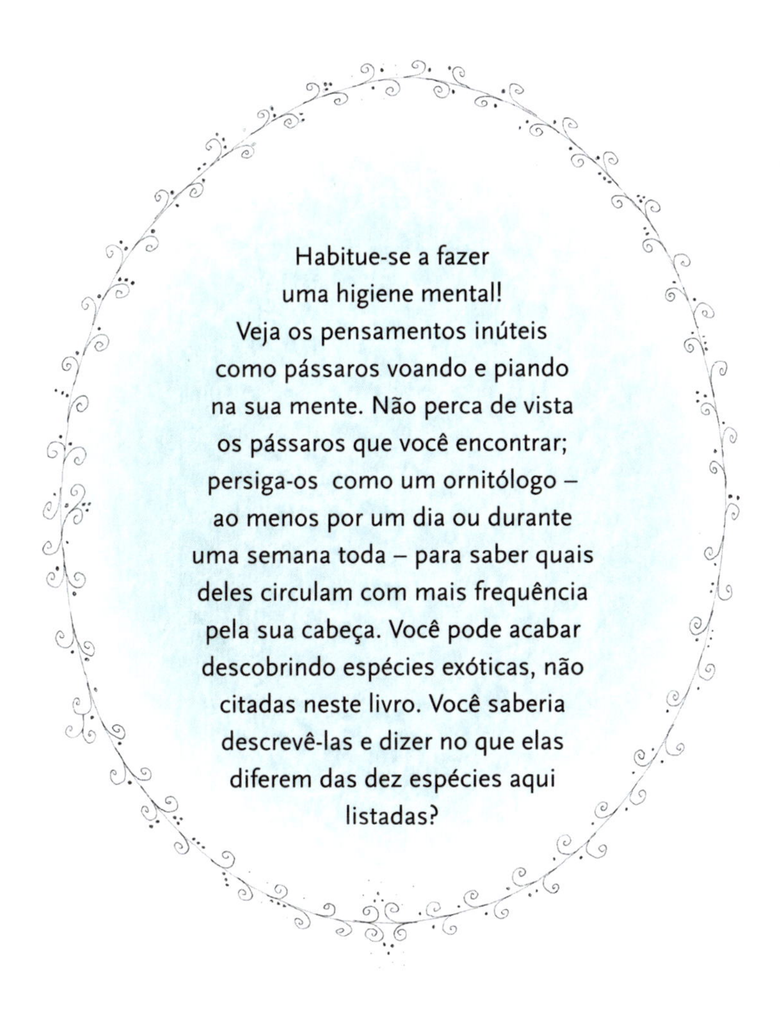

Habitue-se a fazer uma higiene mental! Veja os pensamentos inúteis como pássaros voando e piando na sua mente. Não perca de vista os pássaros que você encontrar; persiga-os como um ornitólogo – ao menos por um dia ou durante uma semana toda – para saber quais deles circulam com mais frequência pela sua cabeça. Você pode acabar descobrindo espécies exóticas, não citadas neste livro. Você saberia descrevê-las e dizer no que elas diferem das dez espécies aqui listadas?

## RECICLANDO O LIXO

O lixo do seu Spa Mental é reciclável! Em outras palavras, você pode ensinar novos hábitos aos pássaros: não hábitos muito diferentes – eles jamais aprenderão a plantar verduras ou a lavar suas meias –, mas é possível fazer com que as características naturais de cada um trabalhem a seu favor. Não é preciso que eles se calem; basta mudar o que dizem.

Por exemplo, o Chamariz pode ajudá-la a se concentrar trazendo-a de volta para a tarefa que está sendo feita. "Ei, você se distraiu de novo!", ele diria.

Se você se levar muito a sério, o Sabiá pode lhe mostrar o lado engraçado de cada situação. "Ria de si mesma. Isso sempre dá certo."

De vez em quando, você pode pedir ao Mergulhão que lhe cante os seus desejos mais íntimos. Ele os conhece porque são o avesso dos seus maiores medos. Peça também que ele use o seu talento dramático. Ele vai adorar.

Você pode pedir ao Pardal que dite uma lista de tarefas quando estiver com lápis e papel à mão. É possível ensinar o Papagaio a questionar todas as teorias e hipóteses que você cria: "Tem certeza de que é isso mesmo?" O dia inteiro: "Tem certeza de que é isso mesmo?" E quando você assumisse algo como verdade, ele insistiria: "Tem certeza de que é isso mesmo?"

Ao Pica-pau, você pode lhe pedir que fique repetindo uma única afirmação. Ele ficará agradecido.

E ao Cuco, você pode pedir para lhe ajudar a cuidar bem de si mesma, repetindo VOCÊ, VOCÊ, VOCÊ toda vez que você se descuidar e se desrespeitar.

Ou ensinar ao Pássaro Migratório a dizer: "Faça já ou pare de falar nisso".

De vez em quando, deixe o Curiango se expressar por um tempo. E, ao menos uma vez, permita-se acreditar em cada palavra que ele disser. Celebre a autopiedade na frente da TV ou onde você quiser.

A Águia é um pássaro importante: seu piado é muito semelhante à sua voz verdadeira. Peça a opinião da Águia naqueles momentos em que estiver preparada para ouvir verdadeiramente.

Instale um Spa Mental em seu Castelo nas Nuvens para tomar consciência dos pensamentos intrusivos e limitadores e para aprender a se livrar deles regularmente.

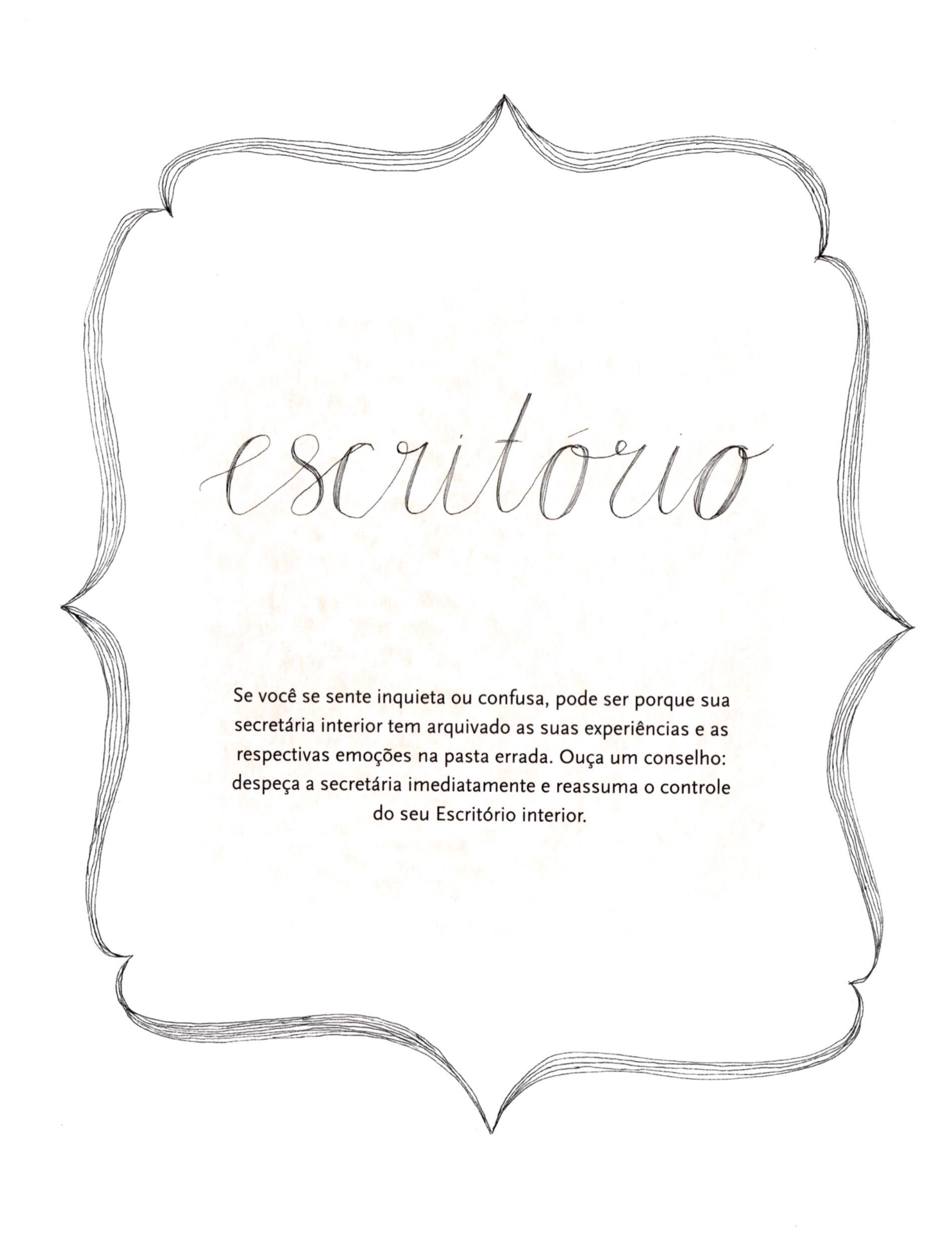


Se você se sente inquieta ou confusa, pode ser porque sua secretária interior tem arquivado as suas experiências e as respectivas emoções na pasta errada. Ouça um conselho: despeça a secretária imediatamente e reassuma o controle do seu Escritório interior.

## DESPEÇA A SECRETÁRIA

Por que será que as pessoas costumam reagir sempre da mesma forma? Por que algumas se irritam com um determinado acontecimento e outras se sentem culpadas? Por que você age sempre da mesma maneira? É porque sua mente tem uma secretária preguiçosa que arquiva tudo que acontece com você, experiências e fatos, na mesma pasta. Ela faz isso toda vez. É costume. E você nunca pergunta por quê.

Despeça-a imediatamente, sem aviso prévio. Não tenha pena; logo, logo ela encontrará uma nova cabeça onde trabalhar. Sempre há vagas nessa área. E então comece você mesma a catalogar os eventos e seus respectivos sentimentos. Acostume-se a fazer isso e veja o que acontece quando você classifica as coisas do seu jeito, note a diferença. O que você sente quando arquiva uma tentativa frustrada na pasta DESEJO em vez de na pasta CULPA: desejo de acertar da próxima vez.

A culpa consome exatamente a mesma quantidade de energia fornecida pelo desejo de acertar.

## AS PASTAS

O trabalho da sua secretária não é tão difícil. Você vai assimilar rapidamente. Há três tipos de pastas: vermelha, verde e amarela.

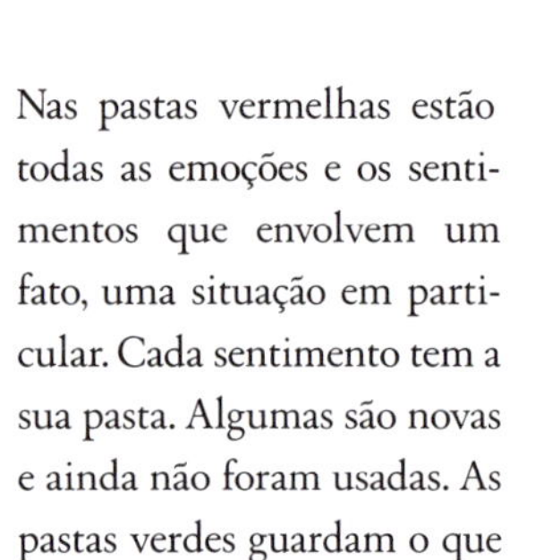

Nas pastas vermelhas estão todas as emoções e os sentimentos que envolvem um fato, uma situação em particular. Cada sentimento tem a sua pasta. Algumas são novas e ainda não foram usadas. As pastas verdes guardam o que você precisa fazer com relação ao que sente. E as amarelas guardam os respectivos acontecimentos. Experimente fazer isso com os sentimentos. Existem emoções que a dominam, outras que você pode controlar, mas ambas podem ser transformadas em um sentimento, uma experiência, um aprendizado da sua própria escolha.

Acontece alguma coisa na sua vida. Um incidente. No modo automático, a secretária imediatamente o salva na pasta POBRE DE MIM. Após anos de experiência, ela sabe que é assim que você se sente. Sim, ela está certa. Se foi esse o nome que você deu, é exatamente como você se sente. Acertou na mosca! Se já não soubesse, pensaria que tinha a melhor secretária do mundo. Como é possível alguém conhecê-la tão bem?

Enquanto você procura outra secretária para substituir a anterior, pode fazer os arquivamentos por conta própria. Comece pelos sentimentos. Há emoções que se apoderam de você, sentimentos ainda não explorados, mas ambos podem ser transformados na experiência, na sensação, no aprendizado que você quiser.

Por exemplo, você pode pôr uma mesma situação em mais de uma pasta vermelha, porque todo evento envolve mais que um sentimento. O fim de um relacionamento, por exemplo, é sempre um evento difícil.

Primeiro, você põe o evento na pasta RAIVA, porque está revoltada. Não pelo rompimento em si, mas "como tudo aconteceu" – sabe como é, tudo aquilo que você disse a si mesma e também ao outro. E então você fica triste. Abre a pasta TRISTEZA. Você perdeu não só a pessoa amada, mas tudo que costumavam fazer juntos e o que ainda fariam. Por isso, fica mal outra vez. Volta para a pasta RAIVA. Mas veja o que acontece se puser o evento na pasta MEDO. Mas tem medo de quê, se não há mais nada entre vocês? Não seria apenas o ego ferido? Você só saberá arquivando-o em ORGULHO. Reabra a pasta TRISTEZA: está melhorando, ficou mais claro? E então você o arquiva em DESEJO, desejo de que o próximo namorado seja melhor, versão 2.0. Por relembrar, reviver e reexaminar todos os sentimentos que envolveram o episódio, você fará uma racionalização e em seguida vai agir. Escolha a pasta verde mais adequada, talvez mais de uma. Quando você está triste, precisa chorar. Abre a pasta CHORAR. As pastas verdes classificam as ações futuras. Embora pareça lógico, passar por esse processo nunca é tão tranquilo.

Depois que você chorar, sentir raiva, fazer o que for preciso para transformar a energia liberada, pode começar a pensar como salvará esse evento em uma pasta amarela. Como gostaria que essa experiência se encaixasse no resto da sua vida? O que ela lhe trouxe? Ainda faz parte de você? Aquele ex-namorado foi cruel, mas você não quer incorrer no mesmo erro e por isso resolve arquivar o acontecimento na pasta APRENDIZADOS. Ou, levando tudo em consideração, é uma boa história que pode ser guardada em BOAS LEMBRANÇAS. Mas, se não quiser pensar nisso nunca mais, jogue no LIXO.

## INSTRUÇÕES PARA A NOVA SECRETÁRIA – VOCÊ!

### EXPLORANDO OS SENTIMENTOS

Primeiro, reúna cada um dos sentimentos que envolvem uma determinada situação. Arquive-a novamente em diferentes pastas vermelhas, em uma pasta de cada vez. O que você faz é dar nomes diferentes ao mesmo sentimento. Recolha toda a energia liberada ao viver e sentir intensamente a situação. Quanta raiva, desejo, medo etc. está sentindo?

Questione-se: "Se eu sinto raiva nessa situação, do que ou de quem eu tenho raiva?" "Estou sentindo muita raiva?" "O que a raiva está fazendo comigo?" Faça o mesmo com o maior número de emoções possíveis. Mas tenha calma. Algumas emoções precisam de mais tempo que outras. Às vezes, é preciso cozinhá-las em fogo brando, outras, soprar as brasas da fornalha para que se torne um inferno escaldante. Em vez de pisar no freio, colocar mais combustível. "O que me deixa tão triste nessa situação?" Solte a sua prima-dona. Dê a ela um palco e um microfone. Tudo isso está acontecendo na segurança da sua mente, dentro dos muros do seu castelo interior, então deixe acontecer.

Quanto mais energia você extrair de todas as emoções, mais poderosa será a transformação no sentimento em que você quer que elas se transformem.

Agora, recupere o arquivo de um acontecimento passado que tenha impressionado ou perturbado você – e talvez ainda perturbe – e faça o trabalho que a sua secretária deveria ter feito. Tire essa antiga experiência da pasta e tente vivenciá-la como se estivesse acontecendo hoje. Coloque-a nas pastas que desejar e veja em que pasta ela terminará arquivada desta vez.

## AS PASTAS VERMELHAS

### RAIVA

#### Por que certas situações provocam tanta raiva?

Raiva é o mesmo que fúria. A fúria é sentida no corpo todo, principalmente nos membros: você precisa movimentá-los. Talvez você se lembre desse sentimento de quando você era criança. Sentimos raiva quando as coisas não acontecem conforme planejamos. Por isso ela é tão frequente na juventude, quando temos que fazer o que não queremos, não entendemos por que temos que fazer. Como a raiva costuma andar de mãos dadas com a birra das crianças, na vida adulta preferimos chamá-la por outro nome: "Que decepção!" "Preciso tomar um ar". Quando não se expressa, a raiva que explode dentro de nós se transforma em depressão. Não há nada errado em sentir raiva. E nem sempre é necessário expressá-la. Basta reconhecer o que a provocou e o alívio será imediato. Lembre-se de que não é neste estágio que os seus sentimentos precisam ser justificados. Neste momento, não adianta nada fazer isso. O único propósito da secretária é fazer um inventário das coisas que estão vivas dentro de você.

A raiva pode ser útil se lhe levar a agir. Pergunte-se mais uma vez: "O que me deixa furiosa?" "O que me tira do sério?" "O que mais me irrita?" Não se espante se sentir triste ao admitir que está com muita, muita raiva. Deixar que a raiva se manifeste livremente libera várias outras emoções.

Lembre-se de que o propósito da secretária é inventariar e arquivar. Perdoar ou condenar esses sentimentos ou dar opiniões sobre eles não é trabalho dela.

ciúme

ódio

dor

culpa

vergonha

desprezo

medo

desespero

letargia

remorso

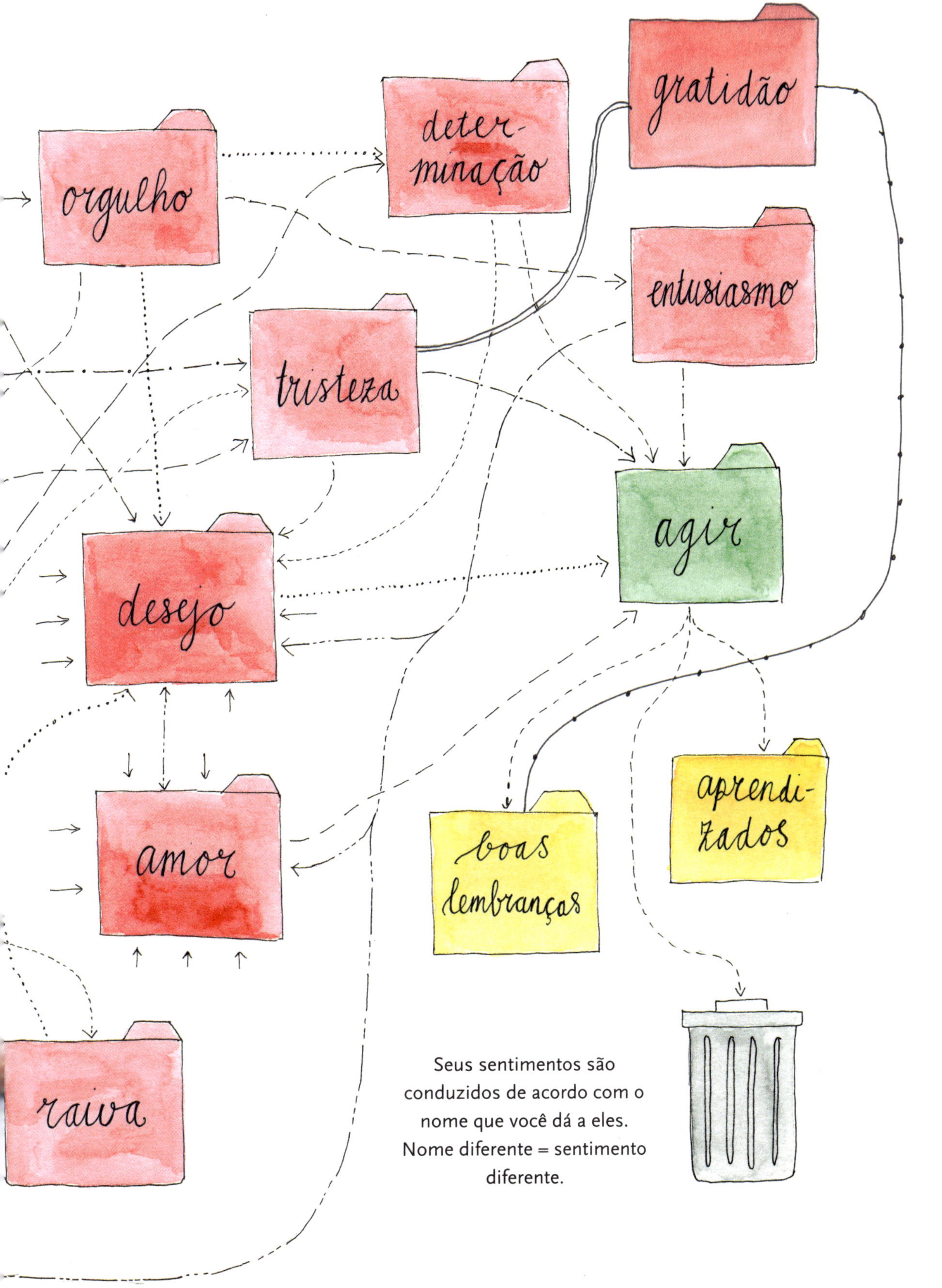

gratidão

deter-
minação

orgulho

entusiasmo

tristeza

agir

desejo

amor

aprendi-
zados

boas
lembranças

raiva

Seus sentimentos são conduzidos de acordo com o nome que você dá a eles. Nome diferente = sentimento diferente.

## MEDO

### Do que você tem medo? O que você não quer enxergar? O que é tão terrível que não dá nem para pensar?

O medo se prende a você com tanta força que chega a paralisar. Você não se movimenta nem respira direito. O medo pode ser de coisas físicas: medo de se afogar, de não dormir, de não fazer bem-feito. E mentais: medo de não ser vista, de não ser amada, de ser incompetente. O medo pode ser justificado, e então é útil, ou injustificado, e nesse caso terá que ser trabalhado. Você pode usar a pasta MEDO quando tem certeza de que ele é real: você não sabe nadar e pode se afogar. Em todos os outros casos, é preciso vencer a paralisia e manter-se em movimento. O que está de fato acontecendo?

O medo pode ser posto de lado para expor as emoções puras. Geralmente ele tenta voltar, mas não se apegue a ele. Sinta o medo, reconheça-o e vá para outra pasta.

## DESEJO

### O que você gostaria de ter se tudo fosse possível? E o que quer conseguir por conta própria?

O desejo puro, autêntico, é um sentimento maravilhoso que pode ser sentido em grandes quantidades. Desejar coisas novas não diminui o valor do que você já tem. O desejo não diminui se não for satisfeito. O desejo abre novas portas, dá espaço e liberdade para que surjam outras possibilidades. Quanto mais desejos você tiver coragem de expressar, maiores serão as chances de mudar estruturas enferrujadas e antigos paradigmas e expandir a sua realidade. O desejo é o oxigênio do futuro.

O desejo é a nêmesis do medo: vença o medo alimentando o desejo; permita que o desejo cresça mais que o medo que impede você de realizar esse desejo.

Tente visualizar, em imagens nítidas, como você quer que uma situação aconteça. Certifique-se de que é isso mesmo o que você quer. Dê uma volta, examine bem. O desejo é um poderoso catalisador que antecede a fé, por sua vez necessária para realizar mudanças. Na verdade, o desejo pode governar a realidade mesmo quando faltar fé, porque é, em si, forte, imenso e poderoso. Alimente os seus desejos o quanto quiser.

## TRISTEZA

### O que a deixa triste?

A tristeza pode ser muito boa. É a maior prova de que você é capaz de amar alguma coisa, alguém, uma situação. Quando a tristeza é pura, ela purifica. Para saber se a sua tristeza é pura, abra todas as pastas e retire a raiva e o medo. Sobrarão as lágrimas sinceras. Não se reprima; deixe-as fluir.

## ORGULHO

### O que a deixa orgulhosa? Seu orgulho foi ferido?

O orgulho é também um sentimento nobre. Ele faz você crescer um pouco mais. Dá coragem para ocupar um espaço maior. Encher mais o pulmão. Mas o orgulho tem também um lado bem negativo. Quando o ego sofre uma frustração, o orgulho é ferido. Cria-se um paradoxo: o ego que está do lado errado do orgulho é orgulhoso demais para admitir. Tente manter este arquivo limpo/puro, disponível só para o orgulho nobre. Orgulho ferido é medo e, portanto, está na pasta errada. Orgulho nobre é uma excelente maneira de fazer algo entrar para a pasta do desejo e da determinação.

## ENTUSIASMO

### Há alguma coisa nesta situação que lhe dá energia?

Quando você se entusiasma, sua respiração fica curta, quase como se a estivesse prendendo; o sangue acelera nas veias e você não consegue parar quieta. Arquive o maior número possível de situações nesta pasta, mas, é claro, só depois de extrair e viver a raiva. O entusiasmo é um combustível, e você escolhe onde quer colocá-lo: no amor, no desejo, no orgulho nobre etc.

## CIÚME

### Há alguma coisa que outra pessoa tenha (e você ainda não) que você queira muito?

O ciúme é uma emoção muito antiga. Nós o conhecemos desde crianças. Uns mais, outros menos. O lado bom do ciúme é que ele pode ser elogioso e fazê-la se sentir bem – como é possível alguém ganhar na loteria três vezes, apaixonar-se aos 70 anos, vender uma ideia por uma montanha de dinheiro? Se você conseguir ver tudo isso como prova das infinitas possibilidades da vida, pode movê-los para a pasta do desejo e querer o mesmo para si. Mas invejar o outro por ter o que você não tem é estar do lado ressentido do ciúme. Se se sentir magoada ou próxima do ressentimento, é melhor sentir um pouco mais de medo e raiva.

## DESESPERO

### Parece não haver solução?

O desespero é um sentimento difícil. Tudo parece infinitamente escuro, pesado, para baixo. Ele lembra a letargia. De repente tudo para. Tente ficar em movimento. Use inúmeras pastas. Certifique-se de que está realmente desesperada. Ou você teme que a solução não funcione? Ou teme se indispor com a pessoa que julga ser igualmente responsável pela situação? Será que, no fundo, é possível desejar que tudo termine bem?

## AMOR

### Você consegue amar em qualquer situação?

O amor é grande, espaçoso, abrangente e capaz de perceber detalhes nas mínimas coisas. O amor faz o sorriso brotar nos lábios. Faz ser capaz de inspirar lentamente uma grande quantidade de ar que se espalhará por todo o corpo sem encontrar obstáculos. Reabra esta pasta quando quiser, mesmo quando achar que a situação não tenha qualquer relação com ela. Tente sempre extrair um pouquinho de amor das coisas.

## REMORSO

### Você sente remorso?

O remorso é um sentimento relativamente calmo, um pouco triste, mas não muito complicado. Sentir remorso é assumir a responsabilidade pelos fatos e aceitá-los sem resistir. É um sentimento ambíguo: "Gostaria de ter resolvido aquilo de outra maneira ou de não ter feito nada". O remorso limpa. Sinta-o por algum tempo e então transfira a situação que o causou para a pasta do desejo (de não repetir a mesma coisa), e em seguida para uma pasta verde ou até diretamente para uma pasta amarela.

## ÓDIO

### Você sente muito ódio?

O ódio é ao mesmo tempo bom e ruim. É bom sentir o poder do ódio, é como se você pudesse agir em uma determinada situação. Você não é uma vítima, ninguém mexe com você, finalmente haverá justiça. Entretanto, se apegar ao ódio paralisa. Para ter ódio, é preciso motivação constante. O ódio tem fome e quer ser alimentado com uma ideia ou realidade que o justifique. "Fulano é um estúpido. Céus, como alguém pode ser tão burro? Veja só o que ele está fazendo!" A motivação é o elo mais fraco do ódio. A justificativa é péssima: ou você tem razão, fizeram alguma coisa contra você e se o fato se repetir você se sentirá agredida; ou você não está certa, mas sente muito ódio. O seu senso intrínseco de justiça universal fica todo embaralhado. Para manter o ódio sob controle é preciso reforçar a parte da história que lhe dá razão. ("Tudo bem, ele trata bem a esposa, os filhos e os vizinhos, mas reparou como arrasta o cachorro pela coleira...?!") Isso a deixa exausta e é pouco construtivo. Agindo assim, você subestima não só o outro, mas principalmente si mesma. O Pica-pau é cúmplice do ódio. O ódio tem a função de emitir um sinal; então, se ouvi-lo, faça um inventário e dê um nome para o que está sentindo. Geralmente, odiar é ter o desejo de sentir muita raiva.

Quando você se afasta do caminho do ódio, mas se permite sentir raiva, ou porque quer sentir ou porque tem coragem de sentir, verá que sentirá necessidade de abrir a pasta da tristeza. Odiar parece mais seguro do que sentir raiva. A raiva precisa ser aprendida, porque levará você muito mais longe que o ódio. E o ódio pode estar camuflando um medo.

Então, tente passar do ódio diretamente para o amor; isso não faz sentido. Observe o que restou de ódio depois que ele se transforma em raiva, desespero, medo, desprezo. E experimente a inigualável gratidão sempre que puder.

## VERGONHA

### O que a envergonha?

A vergonha é como a sujeira. Impregna suas roupas, seu cabelo, o ar que você respira, a sua casa. É difícil lidar com a vergonha. Você quer camuflá-la. Ela se esconde. Muitos eventos tendem a mofar na pasta da vergonha. Você acha melhor nem olhar para eles na esperança de que sumam, desapareçam. Mas, se eles ficarem na pasta, não desaparecerão. Só você poderá transferi-los para outra pasta. Experimente colocá-los na pasta do medo, da culpa ou do remorso.

## CULPA

### O que é que faz você se sentir culpada?

A culpa é um sentimento corrosivo. É sentido nas vísceras. Você quer empurrá-la para longe, mas ela resiste. A culpa é o produto da soma remorso + raiva autodestrutiva, mas fica mais evidente quando você separa os dois. Abra a pasta da raiva e fique muito brava consigo mesma; em seguida abra a pasta do remorso e sinta como por completo.

## DESPREZO

### Você sente aversão por alguém?
### Está menosprezando alguém?
### Considera alguém inferior a você?

Este é um sentimento que você geralmente descobre quando quer provar alguma coisa. Precisa que outros concordem que a pessoa em questão é mesmo fracassada/idiota. O desprezo é difícil de admitir e pode causar sérias obstruções. Então, procure admiti-lo, ao menos para si. É possível se conter antes de falar mal ou contar uma fofoca sobre alguém. Geralmente, desprezar é sentir medo, medo de ser como a pessoa que você despreza. Se você tiver certeza absoluta de que não se parece em nada com a outra pessoa, não terá o que desprezar. Então, quando sentir desprezo, abra a pasta do medo. Por que é tão ruim ser como aquela pessoa? Em seguida, abra a pasta da determinação e prometa que jamais será como ela.

## DETERMINAÇÃO

### O que você é capaz de mudar?

É bom sentir determinação; é como um novo dia no qual tudo é possível. Quando não existe raiva, a determinação é uma emoção muito construtiva. Se você chegou aqui a partir da pasta do desejo, provavelmente será bem-sucedida.

## LETARGIA

### Você está sentindo alguma coisa?

Letargia é raiva e impotência voltadas a si mesma. Seria muito fácil aconselhá-la a livrar-se da raiva. Em vez de deixar seus sentimentos nesta pasta, transfira-os para outras pastas quantas vezes precisar. Experimente deixar em aberto todas as opções até ter uma pista de por onde deve começar.

## DOR

### Está doendo?

A dor é como uma facada que a obriga a se contrair; é insuportável. Digamos que a dor é um arquivo de computador compactado: é mais fácil de ser enviado, mas para saber o que há dentro terá que ser expandido. A dor é um sentimento composto/compilado. Descompactá-lo significa expandi-lo e separar cada arquivo em pastas diferentes. Em outras palavras, se você não entender nada de computadores (a propósito, não é hora de rever isso?), a dor é uma combinação de muitos outros sentimentos. Classifique-os e divida-os entre as pastas do medo, da raiva e da tristeza para melhor elucidá-la.

## GRATIDÃO
## O que ela nos ensina? O que tem de bom? A que você é grata?

A gratidão é um sentimento pleno, que satisfaz. É profundo, constante, prende seus pés na terra e ao mesmo tempo a faz voar. É estimulante e relaxante. A gratidão deriva de qualquer outro sentimento. O sofrimento faz você se sentir vivo, a raiva abre portas, a vergonha indica o que é importante – isto é, se você não se detiver nessas pastas e abrir logo a pasta da gratidão. A gratidão está diretamente ligada ao estado de graça; manifesta-se igualmente no orvalho sobre a folha tenra e em eventos transformadores como o nascimento de um bebê.

A gratidão é o bônus da maturidade, quando, cumulativamente, temos mais a agradecer. Ponha a pasta da gratidão no topo da pilha para se lembrar das coisas pelas quais é grata. É claro que em alguns dias será mais difícil que em outros. Mas às vezes um pouco de esforço não faz nenhum mal.

## AS PASTAS VERDES

Uma vez reunido todo o conteúdo emocional de um evento, a energia poderá ser usada para transformar o sentimento em outro mais adequado ou de sua preferência. Isso se chama racionalização.

As secretárias costumam começar pelas pastas verdes – pelas ações. Elas separam as emoções para poder controlá-las. Você está muito irritada e não para de chorar, mas não adianta nada porque o problema real não é solucionado. Você está andando em círculos. Não consegue arquivar nada direito. E o problema vai voltar.

Nesse caso, volte para as pastas vermelhas. Parece que o processo lhe tomará muito tempo, mas, no final, vai economizar. As emoções das pastas vermelhas são universais, portanto podem ser explicadas. O que você precisa fazer para se sentir melhor, ou seja, o nome das pastas verdes, é uma decisão pessoal e depende de cada situação. A pasta vermelha correta geralmente levará a uma única ação possível. Confie. A seguir, daremos alguns exemplos, mas pense em ações que possam realmente ajudá-la.

Por exemplo:

## CHORE

Se estiver triste, chore. Chore baixinho, chore em voz alta, copiosamente, muitas vezes ou só de vez em quando. Parece bobo, mas às vezes nos esquecemos de chorar.

## SINTA RAIVA

Se um evento sempre volta para a pasta da raiva, uma hora você ficará com raiva. E agir com raiva é perigoso. Isso porque a maior parte das pessoas não é boa em sentir essa emoção. Somos muito melhores em não sentir raiva, embora expressá-la seja uma arte. Mas o mais difícil é saber dosá-la. Ou você tem medo de sentir muita raiva ou é tão controlada e delicada ao expressá-la que acaba não funcionando. Nesse caso, há cursos especiais ministrados pelos controladores de raiva na Suíte Luxuosa do Mal (página 132).

## PROTEJA-SE

Pense em como você se protege ou protege os outros. O que precisa fazer para se sentir segura?

## VISUALIZE

Imagine o que deseja para uma situação – de uma maneira prática e realista, mas nos mínimos detalhes. Fantasie. Deseje. O que você pode aprender com essa experiência?

## PLANEJE

Faça planos de como conseguir o que você quer.

## SONHE

Os sonhos são desejos sem consequências. Sonhar é permanecer por um tempo onde você escolher.

## ACEITE

Às vezes, é preciso abrir mão de um desejo. Se estiver convencida de que um desejo é impossível de realizar (casar-se com o Mick Jagger, por exemplo), é hora de aceitar. É bem mais fácil aceitar quando você já tentou de todas as maneiras.

## AME

Você é capaz de amar as coisas como elas são? E a si mesma?

## APRENDA

Aprenda o que for preciso para alcançar o seu objetivo.

## PERDOE

Desvincule os seus sentimentos da pessoa que fez mal a você. Não negue os seus sentimentos, eles são seus, mas talvez ela não tivesse a intenção de magoá-la.

## DISSEQUE

Dissecar uma situação é quebrá-la em pedacinhos para serem examinados e compreendidos.

## DISCIPLINE-SE

O melhor a fazer em toda situação é criar um sistema de regras de conduta para se orientar. "Não vou mais olhar o perfil dele no Facebook" ou "Vou parar de fazer fofoca porque depois sempre me sinto mal". Crie um sistema que funcione com você.

## ESTABELEÇA LIMITES

Pense no que você quer e no que você não quer. Escolha as palavras certas para se expressar e pratique.

## IGNORE

Esqueça. Do que é que estávamos falando? Nem me lembro mais. Pronto, passou.

## DÊ TEMPO AO TEMPO

Prometa a si mesma que tudo ficará bem; deixe para lá, dê um tempo.

## CUIDE-SE

Se abrace, se aconchegue, tome um banho, seja gentil consigo mesma.

## DESCULPE-SE

Você não precisa estar errada para pedir desculpas. Peça perdão a si mesma. Desculpar-se é uma forma de reconhecer o problema E TAMBÉM de prometer que não acontecerá de novo.

## DIGA "SINTO MUITO"

Você pode se sentir assim sem ter de necessariamente pedir desculpa. "Sinto muito que não tenha dado certo entre nós". O que você está querendo dizer é que sente muito pelo que aconteceu. É bem mais sutil. Embora muita gente prefira ouvir uma confissão de culpa.

## FAÇA UMA FAXINA

Limpe a casa, esvazie os armários, rasgue papéis, esvazie a caixa de entrada, doe roupas velhas. E sua mente estará limpa quando a faxina terminar. Essa é uma excelente solução para muitas coisas.

## DÊ RISADA

Leve o bom humor a sério. Faça coisas divertidas e afaste da cabeça as perturbações. Dance, cante, corra, ria de si, pinte, faça uma fogueira, nade – o que lhe vier à cabeça. Se for bom para você, faça.

## AS PASTAS AMARELAS

E, por fim, depois de reviver e esgotar uma situação, decida qual será o seu destino. Você pode escolher guardá-la em uma pasta amarela ou jogá-la no lixo. Quando você faz isso, está decidindo o que tem e o que não tem influência na sua vida. Está dizendo a si mesma quem você quer ser.

Quanto mais fortes forem as emoções, mais energia elas terão para se transformar nos sentimentos que você quiser. Abra uma pasta amarela ou pegue o lixo.

BOAS LEMBRANÇAS

APRENDIZADOS

NÃO ME PERTENCEM MAIS/LIXO

Não faça nada no piloto automático; fique alerta e tenha consciência do que está sendo arquivado. Mas agora que já conhece as regras, talvez você possa contratar uma nova secretária. Temos algumas candidatas.

O Escritório é planejado
para tirar seus pensamentos
do piloto automático e permitir
que você escolha o que quer sentir
e que nome quer dar a cada
sentimento.

## PRECISA-SE DE UMA NOVA SECRETÁRIA

### A SECRETÁRIA GENTIL SRTA. CÂNDIDA

A srta. Cândida é bondosa e gosta de você. Ela lhe deseja o que há de melhor. É muito sincera e espera de todo o coração que todos se sintam bem. Se você estiver sentindo raiva, ela lhe perguntará se não estaria com medo de alguma coisa. E sinceramente: você tem medo de quê? Todos os eventos que lhe provocarem raiva serão colocados primeiro na pasta do medo para que ele seja extraído e sobre apenas raiva. Em geral, não sobra muita coisa.

### A SECRETÁRIA PRÁTICA SRTA. EUGÊNIA

O medo é uma emoção prática. É um mecanismo de sobrevivência. Quando sentimos medo, os níveis de adrenalina na corrente sanguínea aumentam, a respiração fica mais rápida e recebemos mais oxigênio. Isso nos faz ficar mais alerta e com mais capacidade de reação – o que é necessário em qualquer situação de perigo. Então, sentir medo é bom. Não veja o medo como paralisante, mas use a inquietação para se movimentar e seja grata à ajuda extra dada pelo medo para que seu corpo possa lidar com uma situação que é assustadoramente nova/temida/perigosa. É assim que a srta. Eugênia raciocina. Ela arquiva tudo o que você teme na pasta da inquietação.

## DUPLA FUNÇÃO
## SRTA. FILÓ & SRTA. MENA

Filó e Mena têm uma natureza filosófica. Elas fazem o mesmo trabalho e se consultam sobre tudo. Tudo tem seus motivos e ensinamentos. Concorda? O que uma delas arquiva corretamente, a outra salva em outra pasta com a mesma facilidade. Elas defendem um redemoinho de sentimentos. Tudo tem que ser vivido e revivido – e novamente instigado – até que passe.

## A SECRETÁRIA TRANQUILA
## SRTA. ESPERANÇA

Ela é de opinião de que tudo se origina em uma emoção – a raiva de não ser amada como você gostaria, o medo de que não a amem como gostaria e o desejo de que a amem como gostaria. É como Esperança pensa: é tudo desejo. Mas isso parece ser difícil controlar. Às vezes você precisa da ajuda de uma secretária mais tranquila. Tem coragem de imaginar a sua situação ideal sem nenhuma raiva ou medo? E, quando imagina essa situação ideal, acha que a raiva e o medo a levarão até lá?

sala da
felicidade

Não tomará muito tempo decorar a Sala da Felicidade.
Veja, é uma sala vazia. Pois a verdadeira felicidade
não precisa de nada. Ela é um subproduto do prazer, do
relaxamento, da gratidão, da meditação, da paz.
O que é mais curioso nesta sala é que você não pode
simplesmente chegar e entrar. Não pode simplesmente atravessar
um corredor e abrir uma porta; a felicidade não é assim.
Não há acesso direto. Antes, você terá que passar por salas
como a do Relaxamento, da Satisfação, da Diversão.
Só então, se tiver sorte, chegará à Sala da Felicidade.
Mas não ficará ali por muito tempo, porque, tirando o fato
de se sentir extremamente, puramente feliz, pouca coisa acontece
lá dentro. É muito difícil medir a extensão da felicidade quando
não está acontecendo nada. A felicidade eterna é um tédio.

Quais são as salas que se comunicam com a Sala da Felicidade?
Que aposentos privativos você terá que atravessar para chegar lá?
Um Salão de Chá? Uma Sala de Ginástica?
Um pequeno Estúdio? Um Roseiral? Em seu Castelo
nas Nuvens, onde ficará a Sala da Felicidade?

# suíte da vergonha

A vergonha aparece com mais frequência quando é criada
uma tensão entre o seu "eu real" e o "eu ideal" –
entre quem você realmente é e quem gostaria de ser.
Você se envergonha de levar um tropeção quando gostaria
de ser aquele que ainda está de pé. Se envergonha
de gaguejar quando gostaria de ter dado a resposta mais
eloquente e adequada. Se envergonha do seu mau hálito
quando preferiria não se destacar pelo cheiro da sua boca,
mas por outras qualidades que possui.
Se envergonha por não corresponder às próprias expectativas
e às expectativas de seu meio social. Por tudo isso, você pode
planejar uma suíte com dois quartos, um ao lado do outro:
um para o eu real e o outro para o eu ideal. Ambos permitirão
que você saiba onde está e onde gostaria de estar.
Dessa maneira, você só se envergonharia se quisesse,
e a vergonha não apareceria sorrateiramente.

A vergonha serve principalmente à comunidade. Quando aprovamos as mesmas virtudes e reprovamos os mesmos vícios, nós nos tornamos uma unidade – um grupo, um clã, um rebanho. Todos nós dependemos do grupo para sobreviver. Talvez a vergonha seja uma consciência social rudimentar, uma consciência emergente, um bebê canguru que só sai da bolsa bem desenvolvido. A vergonha se internaliza até ser a consciência plena que a torna obsoleta – se tudo correr bem.

Sentimos vergonha de coisas aparentemente fúteis. A nossa consciência, que é muito legal, garantirá que não façamos nada grave. Ninguém mata porque alguém disse que é errado, mas porque, no fundo, sabe e sente que não se deve matar. Da mesma maneira, é muito mais virtuoso terminar um relacionamento de maneira civilizada porque é o certo, e não para evitar que ele ou os amigos falem mal de você. Ou então, você sabe que é melhor separar as garrafas vazias para reciclagem, não só pelo que os vizinhos poderiam pensar se ouvissem as garrafas batendo nos sacos de lixo. Sentimos vergonha do que outras pessoas poderiam pensar; a consciência é sentida e reconhecida por cada um. Salve a consciência! Abaixo a vergonha!

Construa no seu Castelo nas Nuvens um quarto duplo interligado por uma porta e terá uma imagem clara do seu eu real e do eu que gostaria de ser. O quarto da esquerda é o seu eu real. O da direita é um holograma representativo do seu eu ideal, uma projeção de quem você quer ser ou gostaria de ser. (A projeção pode mudar a cada evento – dentro da família o seu eu ideal é diferente daquele que você tem no trabalho ou em uma *rave*.)

Sentir vergonha (de não ser boa o bastante) resulta numa projeção bonita, ideal, onipotente. Toda vez que você cruza a porta para o quarto à direita, tem que pagar um pedágio. Custa caro não ser quem você é. Toda vez que você tem coragem de ser imperfeita e voltar para si mesma no quarto à esquerda, você ganha dinheiro, agrega valor. É disso que se trata: ter coragem de não ser perfeita. (Afinal, a imperfeição baseia-se em expectativas sociais. As flores e as plantas jamais são imperfeitas. Quando não são da mesma espécie, são apenas diferentes. Quanto menos existirem de um só tipo, mais exóticas serão.)

Toda vez que você sente vergonha e gostaria de ser o seu eu ideal, passa para o quarto à direita. Para abrir a porta, é preciso usar um daqueles cartões-chave de quartos de hotel. Quando você passa o cartão pela fenda da fechadura, um valor é retirado da sua conta.

Para a maioria das pessoas, isso significa ter acumulado uma dívida imensa aos 20 anos de idade. Elas passam mais tempo no quarto do lado direito do que no quarto do lado esquerdo. Provavelmente já se adaptaram a outras pessoas e situações muito mais vezes do que foram o que realmente são. E isso é normal. Pode ser visto como um crédito estudantil. É preciso tempo para desenvolver uma identidade própria.

As crianças aprendem naturalmente a se ajustar à cultura de seu país. "É assim que se faz." Ou à cultura da família. "É importante para nós." E quando crescem aprendem a se adaptar à cultura dos grupos (que elas escolhem) – irmandades, clubes, grupos de estudo, colegas de trabalho etc. "Nós somos assim." "É o que nos constitui."

Seguimos as regras, os regulamentos e os rituais mais ou menos bem. A recompensa disso é ter uma vida social mais rica. O outro lado pode ser achar ter vivido uma vida projetada, criando a convicção de que ninguém a ama pelo que é de verdade.

Depois dos 20 anos, é hora de fazer um balanço, quitar as dívidas e se autorresgatar. Você sabe como é ser aceita. Você já foi aceita. E sabe como é não ser aceita, por mais que tenha se esforçado. Você foi intensivamente treinada a ser perfeita e a satisfazer a todos. Mas quanto isso lhe custou? Até que ponto teve que abrir mão de seus valores e de seus hábitos mais íntimos para fazer parte do mundo, da família, do meio em que você vive?

Seria interessante manter um controle das suas transações: todos os movimentos da vergonha para o seu eu ideal (perdas), os movimentos da coragem para si mesma (ganhos) e o total dessa soma. Pode imaginar como isso seria? Em que períodos da sua vida você economizou e até aumentou a quantia da conta pessoal e em que períodos teve que fazer retiradas dessa conta?

Para ter uma ideia dessas transações, reveja as coisas que a envergonhavam e as suas expectativas pessoais. Você vive de acordo com seus padrões? Ou tem a (falsa) ideia de que deveria ser diferente para ser amada (pode ser uma ideia falsa ou verdadeira, e no último caso é aconselhável mudar de grupo social). Vamos ver qual será a dificuldade do próximo passo.

## UM PEQUENO EXERCÍCIO DE IMPERFEIÇÃO

Você pode ganhar estas três condecorações por sua coragem – a coragem de aceitar as próprias imperfeições.

Imagine-se tendo os medalhões colocados em seu peito. Duas delas são gerais. A terceira foi feita exclusivamente para você. Você a recebeu por alguma coisa da qual se envergonha, algo que está disposta a enfrentar e aceitar como uma imperfeição. O que estaria escrito no terceiro medalhão?

Condecore-se pela coragem de ser imperfeita.
Qual "erro" você não mais considerará como erro ou defeito, de modo que não se envergonhe mais dele?

## DESENHE O SEU EU IDEAL

O holograma do seu eu ideal vem sendo desenhado ao longo de anos. Desde a infância, você foi obrigada a corresponder a certas expectativas. Foi nisso que o seu eu ideal se baseou. O que pensavam de você o professor, o dono da mercearia, seus amigos, os colegas, os vizinhos, o açougueiro, o dono do bar, o motorista do ônibus – está tudo nele. E assim se formou a sua imagem ideal. Mas o seu eu ideal tem de servir a você, e não aos outros. É hora, conscientemente, de imaginar o seu eu ideal da maneira que você quiser. Assim, você não mais se envergonhará por ser imperfeita (isto é, se for mais tolerante consigo mesma) e se aproximará do seu eu real, evitando pagar o preço da alienação.

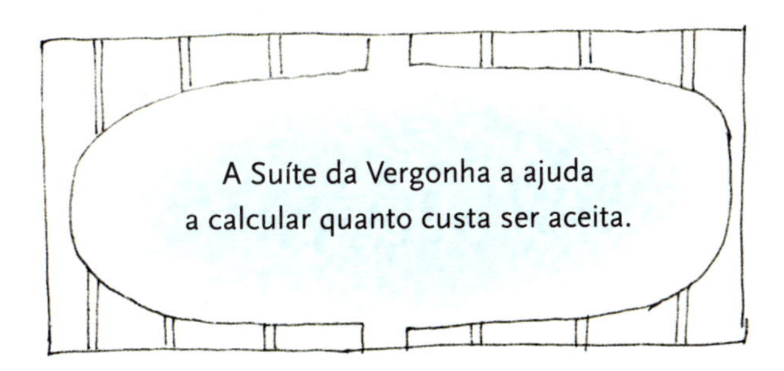

Desenhe a imagem perfeita de si mesma

você quer ser uma
pessoa que jamais
arrota?

você
quer
ser
sexy?

você quer ser autêntica
o tempo todo?

você quer ser
uma ótima
cozinheira?

você quer ser uma pessoa que não se
importa muito com o que os
outros pensam?

# brinquedoteca

Você se sente pequenina e totalmente segura na Brinquedoteca. Ainda não entende muita coisa, então olha em volta com assombro e encantamento. Você não tem responsabilidades. É o mesmo sentimento que se tem quando se está sentada no banco de trás de um carro, ouvindo trechos de conversa no banco da frente. Não sabe o que está sendo dito, mas é o suficiente para se sentir segura.

Você se sente como uma criança numa tarde quente de verão. Os adultos estão conversando, estão se divertindo, então não há nada com que se preocupar. Você está entretida, brincando. Tudo é novo. Tudo é possível. Você vê o mundo através de olhos curiosos. Tudo lhe interessa, você gosta de todas as pessoas que a tratam bem. Você tem todo o tempo do mundo, tudo é diversão. Você é uma criança como todas as crianças deveriam ser.

Você respira e seu corpo recebe muito oxigênio. Seus olhos brilham. Todos os seus sentidos estão ligados. Você lambe as gotinhas geladas na superfície da lata de refrigerante. Ouve a cadeira estalar. Encosta a colher lisa e fria na pequena depressão entre o nariz e a boca. Os lençóis perfumados em sua cama embalam o seu sono. O buraquinho do tronco da árvore aumenta de tamanho quando você coloca o dedo nele. É assim que você se sente.

Seus sonhos de infância ainda podem se tornar realidade. Decore este quarto como se você realmente ainda fosse uma criança.

Que tipo de cama você quer? Um beliche? Nele caberiam oito pessoas? Ou a sua cama fica dentro de um nicho? Tem a forma de um carro de corrida? É uma rede cheia de bichos de pelúcia? Você tem uma escrivaninha? Gostaria de ter uma pequena cozinha no quarto? Ou um banheiro? Ou preferiria uma casa na árvore em vez de um quarto de dormir?

Que brinquedos você teria? Dê a si mesma três presentes. Esconda os presentes sob a cama ideal para fazer uma surpresa. Imagine-se acordando pela manhã e olhando embaixo da cama. O que você teria sentido? Já que você está se presenteando, que presente a faria feliz hoje? Há diferença entre os presentes que se daria criança?

Enquanto está nesse quarto de brinquedos ideal, como quer ser tratada? O que as pessoas precisam saber para entendê-la? Quais são as regras no seu quarto de brinquedos? As regras valem para todos? Que leis são obedecidas e quais não são? Que sonhos de infância você ainda quer realizar? Que sonho passará a levar a sério e qual pode ser deixado para trás?

Quem a põe para dormir? Ou você prefere dormir sozinha? Como faz isso? Qual história lhe seria contada antes de dormir? Como é o seu travesseiro preferido, que cheiro ele tem? Como são os lençóis? A cama está arrumada? Imagine-se colocando o seu eu de 6 anos de idade para dormir. Você enrola os seus cabelos de criança nos dedos, e aos poucos o seu eu criança vai mergulhando no sono. Qual seria a última coisa que você gostaria de ouvir antes de dormir?

Quando for se deitar esta noite, na sua cama de verdade, diga a si mesma algumas palavras de conforto em vez de percorrer uma lista de deveres e obrigações. Quanto mais você pensa e mais tarde fica, mais se convence de que jamais dará conta de tanta coisa. Se quiser ser mais gentil consigo, quais seriam suas últimas palavras antes de dormir?

## O BELICHE

Imagine um beliche com sete camas. A do meio é a sua. Embaixo dormem três pessoas que lhe garantem uma base sólida; em cima, outras três que estimulam você. Com qual delas você se sente criança? Quem são essas pessoas que dormem nas outras camas?

A cama 1 é de alguém que você conhece há muito tempo, alguém que guarda o seu passado.

A cama 2 é de alguém com quem você se sente segura e despreocupada.

A cama 3 é de alguém que lhe acaricia.

A cama 4, macia e aconchegante, é sua.

A cama 5 é de alguém com quem você pode conversar por horas e dar muita risada depois que todos foram dormir.

A cama 6 é de um companheiro de aventuras.

A cama 7 é de alguém que desperta o que há de melhor em você.

Seria muito triste se você não conhecesse ninguém para compartilhar seu beliche. Reformule as perguntas. Com quem você gostaria de dividir um passado? Com quem você se sentiria despreocupada? Quem você gostaria que lhe fizesse carinho? Com quem você adoraria conversar e rir sem parar? Com quem você viveria aventuras emocionantes? Quem você gostaria que trouxesse à tona o que você tem de melhor?

## ESCOLHA SEUS PAIS

Agora que você está prestes a realizar um sonho de infância, também chegou a hora de escolher os seus pais. Você pode optar entre segurança e emoção. E por que não ambos? Você pode ter o que quiser no seu Castelo nas Nuvens, não pode? Pode desejar qualquer coisa sem impor aos outros o seu desejo. Porque ninguém é perfeito, nem os pais que estão no seu castelo, que são como qualquer pessoa normal. Mas você tem a chance de escolhê-los. Como eles são? São parecidos com seus pais verdadeiros? A mãe é como você é ou gostaria de ser? Escolha seus pais primeiro pela aparência, depois pela personalidade.

Escolha seus pais primeiro pela aparência, depois pela personalidade.

## MAMÃE A

É a mãe mais amorosa, aquela que lê histórias, faz carinho, a nina no colo e diz que você é uma estrela. Faz uma cama aconchegante quando você está doente. E espanta os monstros que se escondem embaixo dela. Aplica bonitos remendos no seu *jeans* favorito. Sempre traz o seu bichinho de pelúcia quando você se deita. Ela a abraça quando você sente medo. Ela a abraça quando você está feliz. Ela a abraça quando você se machuca. Ela está sempre por perto.

## MAMÃE B

É a mãe profissional: sabe fazer tudo, é diplomada em maternidade. Dirige a casa como uma operação militar. Tudo funciona bem. Ela sabe transformar uma abóbora em lanterna, um rolo de papel higiênico em tesouro, fazer carinhas engraçadas com as flores dos brócolis. Todas as festas de aniversário acontecem na sua casa, e ela conhece todos os jogos, todas as brincadeiras, sabe divertir seus amigos. Você mora num bairro pequeno e seguro, tem muitos amigos. Sua mãe recebe todos eles em casa, cuida bem deles. Tem sempre uma calça limpa de reserva quando você ou qualquer um deles cai numa poça de água. É pontual na apresentação da sua peça escolar, está sempre nas fotos em grupo, recolhe pilhas usadas, jornais velhos, o que for. No entanto, sobra pouco tempo para conversar. Quando você traz um problema, suas soluções são divertidas, criativamente feitas de papel machê ou com caixas de ovos.

## MAMÃE C

Essa mãe a trata como igual. Ela delega responsabilidades que ajudam a fortalecer a sua autoestima. Desde que você era bem pequena, saía para jantar fora e conhecer o mundo. Você participa das conversas e a sua opinião é sempre respeitada. Ela não a trata como criança e tem altas expectativas. Tudo tem que ser feito como ela quer. Esta mãe não tem paciência para balões estourados, roupas sujas e monstros escondidos embaixo da cama. Ela ajuda nas redações escolares – desde que você escolha um tema adulto. Se o tema for porquinhos-da-índia, você terá que fazê-la sozinha.

## MAMÃE D

É a mãe que trabalha fora. Desde pequena, você teve babás e *baby-sitters*. A semana pode passar sem que você veja sua mãe, porque já está dormindo quando ela chega em casa. Ela nunca assistiu a uma peça de que você participou e se atrasou na única vez que foi buscar você na saída da escola. Mas quando ela aparece, é muito divertido! Coisas engraçadas e excitantes acontecem. Você frequenta restaurantes sofisticados, vai nadar com os golfinhos, é como se você e sua mãe fossem da mesma idade. Ela a ensina a dirigir sentada em seu colo. Vocês trocam olhares cúmplices por trás daquela vendedora afetada e caem na risada. É sempre muito divertido... quando ela está presente, claro!

Escolha também o seu pai. O papai A não precisa estar junto da mamãe A; faça a sua própria combinação. Mas lembre-se: se fosse realidade, certas combinações não garantiriam um clima harmonioso em casa.

## PAPAI A

É o pai caseiro e tranquilo. Todos os dias, ele chega em casa antes do jantar. É uma pessoa muito regrada e espera que você também seja. Seu quarto tem que estar arrumado. A orelha limpa. Ele ensina a consertar a bicicleta quebrada. Reserva um tempo, entre as 17h30 e 18h, para ajudá-la com a lição de casa ou a concluir um projeto antes que você comece um novo. Depois do jantar, ele lhe dá um beijo de boa-noite e tira o resto da noite para descansar.

## PAPAI B

É o pai que tem uma carreira. Você se orgulha dele porque ele ganha bem e lhe proporciona o que há de melhor e mais bonito. Nos fins de semana, ele a aplaude nas competições esportivas porque ele próprio adora vencer. Faz tudo que pode para você ter as melhores oportunidades na vida. Tudo para ele é um jogo, uma competição. Mas ele não gosta quando você perde e fica decepcionado quando você não dá o melhor de si.

## PAPAI C

É o pai divertido e carinhoso. A casa é uma festa quando vocês estão juntos. Seu quarto se transforma num navio pirata. Vocês almoçam no sótão. Você vai dormir com a roupa do corpo, vai para a escola de pijama, e tudo bem. Seu pai nunca se zanga (mas discute muito com outras mães), ele é seu melhor amigo. Mas algumas coisas podem não dar certo. Ele leva você para a escola e descobre que está vazia – porque hoje é sábado. Põe pão mofado na sua lancheira. Você chega em casa e a porta está trancada. Vai para a aula de natação com o maiô do balé dentro da mochila. Mas ele sempre encontra uma solução divertida.

## PAPAI D

É o pai intelectual, que só se apresentará quando você tiver um problema ou uma grande questão filosófica. Então ele afastará os papéis da escrivaninha e passará a noite conversando com você. Por ser meio distraído, nunca lembra o nome do seu melhor amigo. E às vezes a olha como se nunca a tivesse visto.

A Brinquedoteca do Castelo nas Nuvens serve – inicialmente – para corrigir o que for necessário do passado. Depois você pode examinar os seus sonhos de infância: quais precisam ser superados? Quais não fazem mais sentido? Quais deles precisam ser realizados?

# pequena capela do espírito

Crie uma sala pequenina para o seu espírito.
Não porque ele não mereça nada maior,
mas para não dar espaço ao ego inflado.

Seu espírito se manifesta quando você dá uma gostosa gargalhada, quando rola na grama, quando ama sem repressão, quando se esquece da hora, quando não cabe em si de felicidade, quando está se divertindo, quando se destaca, quando seus olhos estão brilhando, quando chora, quando o vento sopra nos seus cabelos.

O ego cresce quando você está irritada, frustrada, zangada, revoltada porque o café está frio, porque sua roupa rasgou, porque o ônibus está atrasado, porque você está bem e o seu namorado não para de reclamar.

Reserve, então, uma bonita capelinha para o espírito – e só para ele. Para entrar, você terá que ser menos importante e esvaziar todo o seu ego. Terá que se despir totalmente, livrar-se do enchimento do seu ego inflado, que limita os movimentos e não permite que nada e ninguém se aproximem de você. Não tocar e não ser tocada por ninguém provoca um sentimento de irremediável incompreensão e solidão.

O ego é um mecanismo de sobrevivência autoinflável que nasce do medo de não corresponder às expectativas. Ele usa as mesmas técnicas da publicidade: primeiro assusta falando das bactérias que infestam a pia da sua cozinha e, em seguida, anuncia um produto higienizador. O ego assusta dizendo que você não é amada, respeitada, reconhecida por ninguém e, em seguida, sugere técnicas para conquistar amor, respeito e reconhecimento. E entra em ação quando você quer controlar os seus dons inatos ou os procura do lado de fora.

Aquele profundo sentimento de satisfação e imenso estado de graça que você tanto almeja já estão em você. Eles às vezes se sobrepõem quando você está, por exemplo, muito feliz, diante de um grande desafio físico ou muito concentrada no trabalho. Situações como essas não deixam espaço para o ego. Quer dizer, se for felicidade, atenção e concentração que não envolverem o ego. Recolha-se na Pequena Capela do Espírito e sinta a diferença.

## VALORES INTRÍNSECOS

O seu espírito está assegurado por alguns valores intrínsecos como liberdade, intenção, direito de existir, confiança, amor e conexão com todas as coisas grandes e pequenas ao redor.

Se sentir profundamente no momento certo, sabe que isso é verdade; pode sentir a liberdade de ser tudo que é. Se você estiver lendo isto num momento em que não consegue sentir nem acreditar, não resista, apenas sinta desejo de acreditar. "Gostaria de acreditar verdadeiramente que tenho permissão de ser tudo o que sou, sinto-me plena de amor e confio que está tudo bem como está." Por enquanto isso basta. Se você pensar nessa questão no momento certo, não haverá dúvida sobre o seu direito de existir, não haverá esforço, apenas será. Então você sabe que é verdade.

É como aqueles momentos em que você consegue sentir em cada fibra do seu corpo que faz parte de algo muito maior – não é mais nem menos importante que ninguém. Infelizmente esse sentimento não é constante! Ele aparece nos bons momentos. Estamos acostumados a olhar para fora para sermos capazes de reter esses valores. E é aí que está o problema.

## A BEIRADINHA DO EGO

O primeiro passo para fora do seu eu (ou seja, do seu espírito) pode ser bem agradável. Você se sente bem, cheia de ânimo – e essa beiradinha de ego lhe dá uma identidade.

Se você quisesse ser somente espírito, ficaria feliz e satisfeita com qualquer coisa, mas seria um tanto irrealista: como um monge Zen que sorri quando a folha se solta da árvore, flutua delicadamente e é levada pela brisa que une a todos nós. Que coisa linda! Mas pouco realista, a menos que reinventássemos o mundo. O que seria maravilhoso, mas esta é uma história completamente diferente. Agora, esta só diz respeito a você.

Se você pode imaginar uma porta um pouco maior para a sua Pequena Capela do Espírito para que essa pontinha de ego possa entrar. Mas é melhor seguir a proposta e criar uma porta só para o seu espírito, o seu eu na forma mais pura. Há espaço suficiente para o ego nos outros cômodos do seu Castelo nas Nuvens; este cômodo ilustra a encosta escorregadia que a afasta de si mesma, e como isso é fácil de acontecer. A solução não é buscar mais, e sim livrar-se do excesso. Se você abandonar as falsas ideias produzidas pelo ego, conseguirá passar pela porta da sua capela para meditar.

## O CONSTRUCTO DO VALOR

Há irritação e frustração nas beiradas do ego. Você não vai muito longe. Tem dado o máximo de si e nunca se sente satisfeita, perfeita, feliz. Nas beiradas do ego fica o que você tem de pior: agitação, impaciência, fracasso, mesquinhez, insatisfação, incompetência e muita, muita raiva. O que mais você quer dar? Você fica exausta. (Isso acontece quando você se concentra

seu espírito

no que está fora, quando deveria estar olhando para dentro. A sua abordagem está errada!)

O lugar onde coça do lado de fora mostra onde está a solução do lado de dentro.

O constructo do valor é um conceito de grande importância. São as qualidades que o ego usa para se valorizar, se autoinflar. Se o tempo for o seu constructo de valor, você avaliará os eventos pela quantidade de tempo que perde ou ganha com eles. Se o constructo de valor for o controle, você dará valor a uma situação dependendo do maior ou menor controle que tem sobre ela. O mesmo se dá com outros constructos de valor como respeito, aprovação, reconhecimento e impulso (o quanto isso me distrai?)

Quais os constructos de valor que reconhece em si mesma? Uma maneira de saber é pensar no que a deixa irritada ou decepcionada com facilidade; por exemplo, um copo vira sobre a toalha da mesa e espalha todo o refrigerante: você se irrita porque dá trabalho para limpar? Fica perturbada pela falta de cuidado – ninguém presta atenção? Ou você diz que tudo bem para não constranger a pessoa que derrubou? É porque não quer perder a conexão? Ou você se irrita porque a mesa estava tão bonita e acontecem coisas fora do seu controle?

## O MODELO

Este capítulo tem um modelo de um espírito e outro de um ego para mostrar o que afastar-se de si mesma faz. Para se conhecer melhor, observe de dentro para fora o que importa, e de fora para dentro, as suas obsessões. Mas isso não é tudo. Seu espírito e seu ego merecem um modelo próprio. Só você pode criar o seu. Use os modelos do livro como guia, substituindo pelo que for necessário.

## BUSCANDO A LIBERDADE EXTERNAMENTE

A liberdade, a autonomia e a autenticidade absolutas têm que ser buscadas externamente. O primeiro e inocente passo para fora de si é desejar o desenvolvimento pessoal. Esse é o estímulo.

Seria mais rápido, e até mais fácil, pensar que você só será livre se tiver dinheiro e autonomia. Com dinheiro você é e faz o que quiser, e todos a deixarão em paz. Não há nada errado com o dinheiro, mas para ter a quantia necessária para sentir-se livre, você ficará muito ocupada. Exigirá tempo e energia. Então o "tempo" será o seu bem mais valioso. O constructo de valor é a característica que for mais importante para você. Quando o seu constructo de valor é o tempo, você avalia as experiências pela quantidade de tempo que elas tomam ou não de você. O ego se aborrece quando o carro na sua frente está muito devagar ou se você já vai sair e seu filho pede para ir ao banheiro. São situações que colocam você numa posição diretamente oposta à liberdade – a liberdade que você gostaria de ter.

Recolha-se na Pequena Capela do Espírito; mas, antes de entrar, livre-se das ideias preconcebidas de liberdade e das expectativas sobre a sua identidade e tente entrar em contato com a liberdade mais profunda dentro de você.

## BUSCANDO UM PROPÓSITO EXTERNAMENTE

Há dias em que tudo parece dar certo. Em outros, bem, nem é preciso dizer... Para encontrar o propósito (que existe em você), olhe-se de fora. Tudo começa com um inocente interesse qualquer que, ao se transformar em curiosidade, traz em si a habilidade de se tornar ganância, ganância de outros impulsos, em busca de algum que dure.

A fome insaciável de experiências e emoções do ego é movida pela necessidade de encontrar uma única

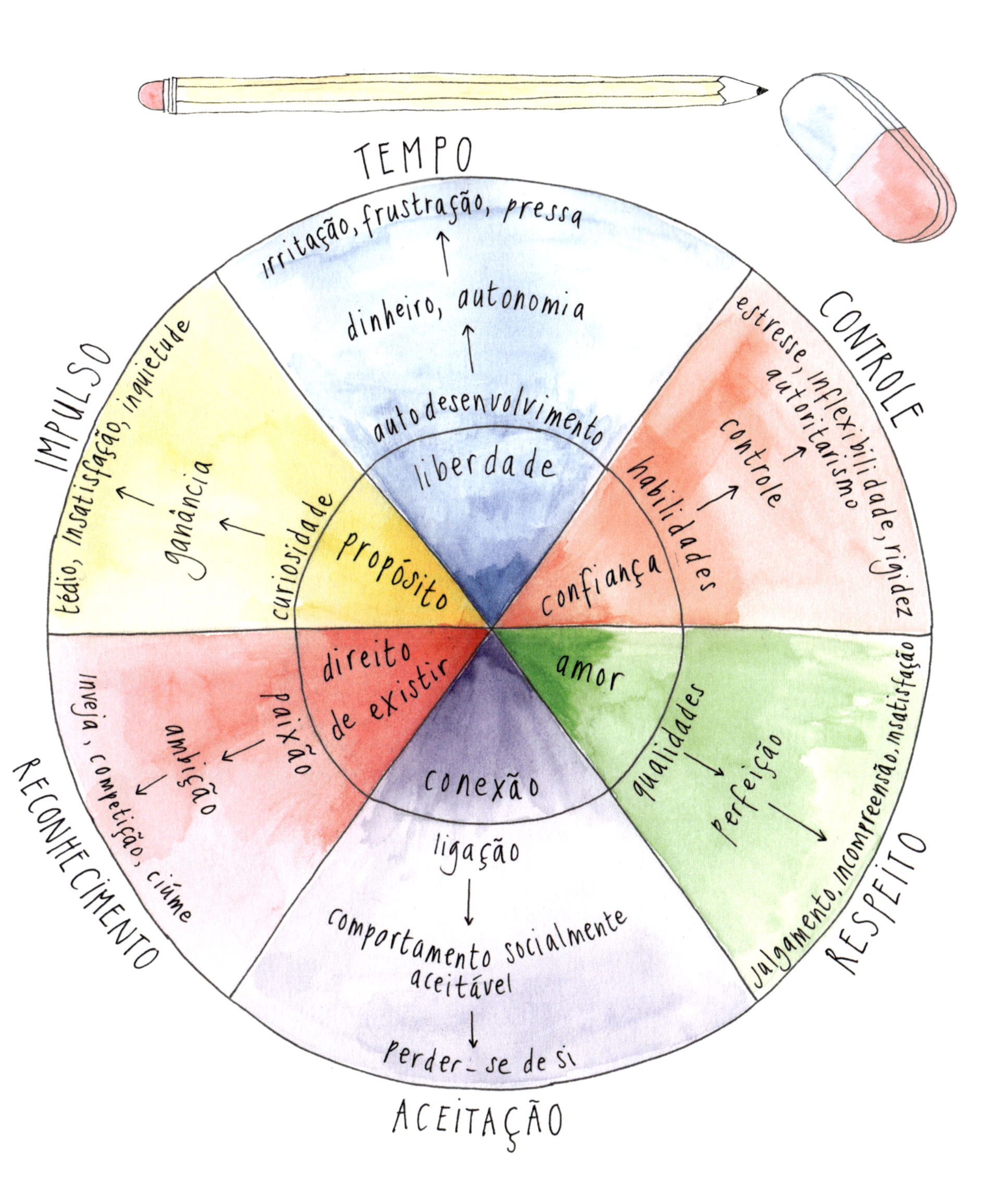


seu ego inflado

coisa que seja capaz de satisfazer o desejo constante de novidades. Com que frequência você pensa assim: "Se eu tiver aquilo, não vou precisar de mais nada. Ficarei satisfeita"?

A euforia de sentir-se completa tem vida curta porque essencialmente não nos acrescenta nada. É aí que o tédio e a insatisfação entram sem pedir licença. O mesmo se dá com a ideia de ter um propósito, de alimentá-lo, mantê-lo a salvo.

Por que você não volta à Pequena Capela do Espírito e tenta entrar em contato com o cerne da sua existência? Talvez ele se revele algo tão precioso, imenso e avassalador que, se for aceito e valorizado, você se sentirá plenamente satisfeita. Não é muito mais que isso, mas também não é menos. Então, em vez de procurar fora, busque esse estado interiormente, na sua mais profunda intimidade.

## BUSCANDO O DIREITO DE EXISTIR EXTERNAMENTE

O movimento é similar quando se busca o direito de existir do lado de fora: para fazer valer esse direito, você tem que se achar melhor que o outro. O passo para sair do espírito é a paixão. Que logo se transforma em ambição. Você começa a competir. Quer ser reconhecida por ser uma pessoa esforçada. O seu ego busca forçosamente o reconhecimento porque uma vez só não basta. Você tem que ser mais reconhecida – mais do que as outras pessoas. O reconhecimento não pode ser exigido, e você também não pode concedê-lo a si mesma.

Se com frequência você sente ciúme (das pessoas com quem se compara), desprezo (das pessoas de quem se acha superior), sendo agressiva ou exigente, então o reconhecimento pode ser o seu constructo de valor. Ajudará entrar na Pequena Capela do Espírito e meditar sobre não ter de fazer nada pelo direito de existir.

## BUSCANDO A CONFIANÇA EXTERNAMENTE

É ingenuidade, uma tolice, achar que é possível confiar em tudo. É o turista que vaga com aquele olhar de encantamento e inocência que acaba sendo roubado. Você e eu sabemos disso. Estaremos mais seguras se olharmos a vida com um pouco mais de desconfiança. Basta estar atenta e alerta. Essa é a "confiancinha". Quem vive distante de si mesma tem que ter habilidades. Tem que saber fazer, concretizar, ordenar, administrar, nomear e compilar tudo com muita habilidade. O ego quer controlar, acha que precisa e pode fazer isso. Se você vive ansiosa, estressada, tensa, frustrada, o controle pode ser o seu constructo de valor, porque você não pode ter controle absoluto, portanto, sempre se sentirá frustrada. E então você quer ter/sentir a "confiancinha" quando na verdade se trata da "confiançona" – confiar que você pode lidar com a realidade no exato momento em que se manifesta. Confie que dará tudo certo, e até lá, dispa-se de seus medos. Não é fácil, mas não tão difícil quanto querer controlar tudo.

Entre na Pequena Capela do Espírito e medite, reflita, confie profundamente que tudo dará certo, e também que tudo está certo como está. Isso ajuda muito. Se você acredita na confiança universal e abrangente, você confia.

## BUSCANDO O AMOR INCONDICIONAL EXTERNAMENTE – E O ENCONTRANDO DENTRO DE SI

Talvez você pense que o amor incondicional estará garantido se você for perfeita. É inocência se esforçar para ter qualidades. ("Farei de tudo para ser legal, atenciosa e confiável" – coisas assim.) Apesar de ser ingênua, você só consegue reconhecer suas virtudes e qualidades em comparação às dos outros. E, se você se compara, vai querer ser sempre a melhor. É muito forte a necessidade de perfeição. Todos vão te amar se for perfeita.

Se você consegue ser razoavelmente perfeita (segundo seus padrões), talvez descubra que demorou muito tempo para perceber que fazer tudo certo e esperar o mesmo do outro não resulta em amor. Perfeição nada tem a ver com amor.

Mas, se não consegue ser perfeita (segundo seus padrões), perceberá muito antes que não está recebendo amor suficiente. Você pode culpar a ideia (autoimposta) de que você não é suficiente, que o seu meio ambiente não é suficiente ou uma feliz combinação dos dois fatores.

Em ambos os casos, você está muito ocupada julgando e comparando. Estou recebendo o suficiente, estou me saindo bem, alguém está se saindo melhor? Tudo isso exige muito esforço (provar a si mesma e aos outros que está se saindo bem e provar a si mesma e aos outros que não está se saindo bem). Em qualquer um dos casos o ego dá uma importância exagerada à necessidade de ser respeitada. Se você não recebe o amor que acha que merece, deveria ao menos ser respeitada: pelo seu esforço, pelas suas necessidades, pela sua história, pela sua luta. Não é possível controlar o amor, mas achamos que é possível controlar o respeito. É possível dizer "exijo respeito" num almoço em família, entre amigos ou mesmo a um namorado. É impossível dizer "exijo amor" (imagine!)

Vá para a Pequena Capela do Espírito, esqueça essa ideia de perfeição e se abra para o amor verdadeiro. Não é possível exigir que alguém nos ame, mas é possível reconhecer o amor quando ele existe. Há muitas outras maneiras de manifestá-lo além de enviar cartões melosos e treinar beijos cinematográficos. Elas estão aí, estão em você, fazem parte de você.

## BUSCANDO UMA CONEXÃO EXTERNAMENTE

Num dia ruim, você pode até duvidar da profunda união universal de que é dotado o espírito (porque faz parte de um todo maior) para nascer livre. A necessidade de se apegar a essa ideia de conexão faz com que o ego seja mais sociável e realize o que se espera de você. O contato é feito quando você sai de si e vai até o outro. Tudo bem fazer contato; às vezes é necessário ser tocada, vista e ouvida pelo outro para saber que está viva. Mas o ego logo vai querer receber mais em troca.

O ego quer ser aprovado e começa a exibir um comportamento socialmente desejável. "Veja como sou bom" (pessoas que usam essa estratégia fazem amigos com facilidade). Você se sente bem desde que tudo corra bem; consegue lidar com o mundo e acha que pode controlar a realidade. Além de ser extremamente cansativo, você está se distanciando de si mesma (em todos os sentidos).

O sentido da verdadeira conexão com tudo e com todos é uma decisão a ser tomada pelo seu coração – e não pelas pessoas, os objetos, os animais com os quais você se relaciona. Na verdade, eles têm muito pouco a ver com isso. E é por isso que você se conecta perfeitamente quando está só, meditando na Pequena Capela do Espírito. A conexão entre você e o universo, até com a menor partícula viva, é constante. Ela é suave, discreta e delicada.

## O ANTÍDOTO PARA UM EGO INFLADO

É um antigo milagre: a atenção pura e indivisível. Se alguma coisa merece toda a sua atenção, certamente você a amará. O inverso é também verdadeiro: se não amarmos alguém ou algo não damos a devida atenção. Seu ego murcha como um suflê quando você se diverte, quando a sua atenção está totalmente absorvida, quando você faz o que quer fazer ou acompanhada das pessoas que ama.

O ego está mal equipado para lidar com a atenção não dividida (voltada a algo que não seja ele) da mesma maneira que um vampiro não suporta alho.

## A AUSÊNCIA DO EGO

Você consegue imaginar como seria não ter ego? Ser pura confiança, unidade e amor na mais completa liberdade? Como você se sentiria se pudesse tocar em todas as coisas, estar conectada com tudo porque o *air bag* que a protege desapareceu? Você se divertiria mais? Como você seria? Como agiria diante de coisas que hoje costumam frustrar e irritar você?

## DECORANDO A CAPELA

Ela já tem uma porta. O que é preciso para meditar? Um tapete de ioga, uma almofada, uma cadeira de espaldar reto? Altar, incenso, velas, música? As paredes são douradas ou forradas com tecido adamascado? Sua capela teria um pequeno domo aberto para as estrelas? Ou teria pilares? Quem sabe uma torre com quatro janelas voltadas para os pontos cardeais? Ou seria térrea para manter contato com a terra? De que cor é a sua Pequena Capela do Espírito? Que flores haveria nos vasos? Do que seu espírito precisa (oxigênio, luz, música, espaço, harmonia, conforto)?

## A LATA DAS IDEIAS FALSAS

Para alimentar o espírito, é preciso jogar fora as falsas ideias do ego. Ponha uma lata de lixo ao lado da entrada da sua capela. Jogue fora algumas ideias antes de entrar – toda vez que for entrar. Não precisa se livrar de todas de uma vez. Faça isso como um exercício. Um pouco por vez.

### 1. DIREITO DE EXISTIR

Para se aproximar do direito de existir, é preciso abandonar a ideia de que tem que fazer ou conquistar alguma coisa. Costuma-se dizer corretamente: não somos fazedores humanos, somos seres humanos. Repita isso quantas vezes forem necessárias.

### 2. CONEXÃO

Jogue fora essa ideia de que existem diferenças entre mim e você.

### 3. AMOR

Esqueça tudo que você imagina saber sobre o amor – amar e ser amada: se o amor precisa ser correspondido, se ele pode ser medido, comparado, se é ou não suficiente, se você merece ou não ser amada, se recebe tanto amor quanto dá, se o seu amor é reconhecido, se é bem recebido, se você sabe ou não sabe amar.

### 4. CONFIANÇA

Esqueça essa ideia de que você tem que influenciar alguma coisa. Abandone a predileção pelos problemas e pelo drama. Pare de achar que nada dará certo sem a sua interferência.

### 5. LIBERDADE

Jogue no lixo as expectativas, as estruturas, os resultados.

### 6. PROPÓSITO

Abandone essa ideia de que a vida tem que ter significado ou não vale nada.

Crie uma Pequena Capela do Espírito no seu Castelo nas Nuvens para conhecer as diferenças entre o espírito e o ego e se aproximar do seu eu verdadeiro.

# Pátio interno

Imagine um lugar em que você se sente em total segurança. Antigamente, o Pátio Interno de um castelo era um lugar seguro, cercado por altas e espessas muralhas, torres de vigilância e guardas patrulheiros. Imagine o Pátio Interno do seu Castelo nas Nuvens como um lugar para se divertir, distrair-se, sentir-se livre como um passarinho. Você está protegida, livre das críticas (inclusive da autocrítica!), dos noticiários e das pressões.

O que é preciso para você se sentir segura?
Do que você tem que se proteger?

Como é o seu Pátio Interno e
o que você faz quando está dentro dele?

Quem não pode escalar o muro
para dar uma espiada?
Em quem você precisa ficar de olho?
Quem jamais atravessará os seus limites?

## OS CÃES DE GUARDA

Você pode ter vários cães de guarda no seu Pátio Interno. Eles a alertarão das situações que possam deixá-la insegura, contra as quais você tenha que reagir. Qual dos cães de guarda lhe seria útil neste momento?

## KARA (IRMÃ DA BINA)

Kara cerra os dentes e rosna quando você fala mais do que deve, seja para se justificar ou se defender, fala qualquer coisa só para não ficar calada. Na verdade, ela está lhe mostrando o que fazer: fique de boca fechada. Você não tem que se explicar ao balconista se não for comprar nada. Não tem que explicar ao garçom que não está se sentindo bem e por isso deixou comida no prato. Isso não os deixará mais felizes. Você não precisa contar a ninguém que vai assistir à apresentação do seu filho na escola – basta dizer "tenho um compromisso". Também não precisa ser a primeira a quebrar o silêncio em uma negociação.

## BINA (IRMÃ DA KARA)

Bina late como louca antes que você prometa algo que tomará seu tempo e consumirá sua energia. Poderia até prometer se tivesse uma reserva infinita de energia, mas não tem. Bina late quando a situação está consumindo muita energia, exigindo muita energia ou se você está diante de alguém que suga a sua energia. Ela late para você tomar uma atitude: parar de falar, parar de ouvir, encerrar a conversa. Ela quer que você reassuma o controle; se não puder, afague a cabeça de Bina e diga: "Já sei, você está certa, mas agora não dá". Bina se acalmará, mas não tirará os olhos de você.

## MAX

Max é um labrador fiel que salta e abana o rabo quando você leva tudo muito a sério ou fica aflita e irritada. Ele lembra que você pode reagir de outra maneira, ficar mais calma. Abane o rabo para ele você também.

## REX

Rex morderá a sua mão de leve se você deixar alguém pisar em você. Ele mostra os dentes afiados para que você faça o mesmo. Chegou a hora de estabelecer os seus limites, de ocupar o seu espaço. Deixar claro que as piadas intermináveis não têm graça nenhuma, que você quer ser ouvida, que ganhar dinheiro não tem nada de mais, que você quer dançar, ser feliz, dar risada.

rex

## LOBO

Lobo começa a uivar quando você deixa seus próprios pensamentos a assustarem.

lobo

Se numa situação específica você não se sentir bem, qual seria o melhor cão de guarda? Naturalmente, a escolha é sua. Quando é que o Max entra em cena? E o Rex? No início eles terão que aprender a latir e a rosnar no momento certo. Eis um típico momento Bina: "Ah, tudo bem você sair mais cedo, eu cuido disso". E uma típica reação da Kara: "Desculpe, eu sinto muito..." etc. etc. Kara & Bina agem em conjunto, nasceram na mesma ninhada.

De que outros cães de guarda você precisa?

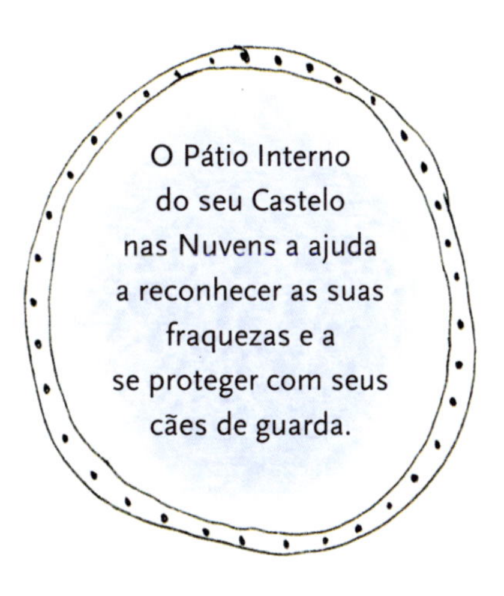

O Ateliê do seu Castelo nas Nuvens é o lugar onde você pode criar. Onde pode ser verdadeiramente criativo, ter uma ideia original e surpreender. Só o seu eu artista tem permissão para entrar no Ateliê, jamais a dona da galeria. Primeiro a artista cria e só depois dá nome à obra. A dona da galeria quer logo dar um nome, decidir quanto custará e a quem venderá, muitas vezes antes mesmo de a obra estar terminada.

A dona da galeria não se entusiasma com facilidade nem é positiva. "O que é isso?", costuma perguntar. "Nunca vi nada igual. Quem vai se interessar? Não vou conseguir vender." Por isso ela é dona de galeria e jamais será artista. Então, na sua cabeça, você vai permitir que só a artista entre no Ateliê. A artista está interessada no processo; a galerista, no resultado.

A artista não pode cuidar dos negócios e a galerista não pode chegar perto dos pincéis. Quando se separa a artista da galerista, como se separa gêmeas siamesas, sobrará apenas a energia prática original na sua forma mais pura. Digo prática porque a artista quer produzir e fazer.

É preciso dar o chute inicial. Solte as mãos sobre o papel e deixe fluir aquele sentimento supremo, o sentimento que se apodera de tudo quando você se entrega ao que está fazendo, alheia a tudo e todos. Se quiser escrever, comece escrevendo. Não importa o quê. Comece rabiscando letras que formam palavras que formam frases. Não pare, vá em frente. Delicadamente, peça à dona da galeria para se retirar. Se ela não quiser sair, insista. Afinal, você precisa começar a rabiscar para ter um estalo e alguma coisa começar a acontecer – uma carta, um conto, algo novo. No começo, é como uma engrenagem pesada que tem que ser empurrada para se movimentar, mas quando pega é difícil parar. E, quando pegar, confie. Confie que uma hora vai começar a acontecer. Sempre haverá barreiras pelo caminho: "Onde dará isso, não vai dar certo, desisto, é besteira, que droga de mundo, que droga, que droga, que droga". As barreiras são a prova de que a galerista está por perto e quer entrar. Se precisar, dê um "chega pra lá" nela. Não pense em nada, continue escrevendo. Escreva qualquer coisa, coisas sem sentido. Elas ajudarão a encontrar as frases certas.

ateliê

Se você confiar, as possibilidades se apresentarão. E de repente acontece, você não sabe dizer quando nem como aconteceu: as palavras brotam sem o menor esforço. É a mágica do artista. O Ateliê ajuda nesse sentido. Chame de inspiração, de fé, o que for, mas só acontecerá se você começar, permanecer aberta, não parar de escrever, de pintar, de tricotar, de fazer o que quiser.

Com o desenho é a mesma coisa. Pegue um lápis, um papel e solte a mão. Peça à galerista que se retire e só volte quando seus esforços apresentarem algum resultado. Ainda não é hora de dar nome a nada. Mais tarde, quando você estiver na Galeria com a dona da galeria, olhará para a obra e saberá como se chama. Curiosamente, a dona da galeria também é bastante criativa. Ela consegue olhar para uma coisa e ver todas as possibilidades. Enxerga uma bela canção numa composição ruim. Transforma um assado queimado num prato saboroso, um romance ruim numa grande terapia, uma ideia fraca num *insight* brilhante.

Quando a artista tem dificuldade de se separar da sua obra, o que pode acontecer, é hora de chamar a dona da galeria. Você decide onde vai estar nesta etapa do processo: ou pintando no Ateliê ou avaliando o trabalho na Galeria e mostrá-lo ao mundo.

Se o processo criativo não estiver fluindo, é porque você não sabe em que ponto está o projeto naquele momento: no Ateliê (sendo criado) ou na Galeria (sendo avaliado). Se houver bloqueio, quer dizer que você está entre uma sala e outra. Escolha uma delas, qualquer uma, mas não misture a energia da artista com a da galerista. Juntas, as duas energias bloqueiam o processo criativo; separadas, manifestam uma explosão de criatividade.

As qualidades da artista:

1. Ela possui uma energia imensa concentrada em um único ponto.
2. Ela está aberta a absolutamente tudo.

# galeria

A Galeria do seu Castelo nas Nuvens é o lugar para mostrar
o trabalho que você fez, digamos, em seu Ateliê.
É onde eles são exibidos sob a melhor iluminação e vendidos
pelos melhores preços. É o trabalho perfeito para
a dona da galeria.

Comece agradecendo à artista pelo trabalho, em seguida peça a ela que saia. As galerias deixam os artistas nervosos, e a galerista não consegue fazer negócios se eles estiverem por perto. Chega uma hora em que a artista tem que se afastar do seu trabalho e de tudo que viveu durante o processo, por mais interessante que tenha sido.

A galerista examina o trabalho que acaba de chegar. Ela vê todas as possibilidades, mas é bastante realista. Pode não ser o roteiro de um filme, mas um belo conto. Pode não ser o melhor projeto para um prédio, mas uma ótima lata de lixo – ou ao contrário.

O trabalho em si nunca está errado. Mas pode estar com o nome errado. Então pode apenas mudar o nome, a etiqueta, o rótulo. O trabalho é o que é. O raciocínio inventivo, analítico e preciso da galerista encontrará o melhor nome para ele.

A criatividade dela é do tipo prática. Contrasta com o poder criativo puramente abstrato da artista. A criatividade prática se concentra em coisas reais, comparando-as entre si e descobrindo novos padrões. A criatividade pura não tem nenhuma relação com o real; o que se apresenta é algo inteiramente novo.

Se você não consegue gostar, defender ou vender o seu trabalho, significa que a artista ainda está por perto, a contaminando com sua timidez e insegurança. Mande a artista para o Ateliê, deixe que ela saiba que você tem as melhores intenções, mas que agora, a esta altura do processo, sua mentalidade flutuante, delirante e sonhadora só atrapalhará.

galeria

Para vender o seu trabalho (e não precisa ser por dinheiro; a moeda pode ser um tempo longe da família, mais liberdade no trabalho ou permitir-se agir) é preciso tomar uma decisão inequívoca: como é esse trabalho, por que ele é bom, o que as pessoas lucrarão com ele e o que a artista receberá em troca (dinheiro, tempo, espaço ou permissão)? É para isso que serve a galerista. Ela batalha pelo seu trabalho. Ela defende e elogia o trabalho. Tem coragem de anunciar o que você gosta sem se preocupar se alguém irá comprá-lo.

Parece que a artista e a galerista não são amigas, mas não é verdade. Elas se dão bem quando estão em salas diferentes do seu Castelo nas Nuvens. Quando estão trabalhando, no entanto, cada uma precisa estar em seu próprio território, onde uma não interfere no trabalho da outra. Elas têm um desses relacionamentos modernos. Vivem juntas, mas separadas. Melhor assim.

Se ainda não percebeu, a galerista é você. Imagine ter as habilidades dela. Tenha coragem para acreditar em si mesma. Você também é a artista. Visualize-se com uma energia irrefreável e tenha coragem de confiar que a inspiração virá desde que você siga em frente. E, então, você é a galerista e a artista, mas é, sobretudo, aquela que pode trocar conscientemente de uma para a outra.

As qualidades da dona da galeria são:

1. Ela tem um olhar criativo sobre o que já existe.
2. Ela tem coragem de tomar uma decisão e defender suas escolhas com grande entusiasmo.

No Ateliê de seu Castelo nas Nuvens a sua criatividade não tem limites. E na Galeria a sua criatividade é vendida sem nenhum constrangimento.

# salão de festas

Convide todas as personalidades que estão dentro de você para celebrar quem você é – por inteiro.

Uma das muitas festas que podem ser dadas no seu Salão de Festas particular é uma em homenagem a si mesma – você é o centro irradiador das atenções. Mas quem é você exatamente? Alguém que possui muitas facetas, idiossincrasias e vozes. Convide todas elas. Só assim você conhecerá aspectos gloriosos de si mesma.

Receba com reverência e gestos grandiosos até as vozes interiores mais desagradáveis. Desta vez elas não estão interferindo na sua vida nem entrando sem serem convidadas, porque foi você quem as convidou. Elas entrarão e serão ouvidas, mas nas condições que você determinar.

E quem é você quando todas as suas identidades estiverem presentes, muito bem vestidas, bebendo champanhe? Naturalmente é a anfitriã, a organizadora, a dona da festa. É você quem recepciona os convidados. Dirige os holofotes para as personalidades. Decide qual delas é o centro das atenções. Quem são os convidados de honra. E diz quando é hora de ir embora. É o seu grande eu que manipula os cordões – o seu Eu De Verdade.

Para que você não se esqueça de ninguém, há uma lista das personalidades e vozes que talvez você tenha e, portanto, deve convidar.

Quem se achará o convidado mais importante?
Quem você teria preferido não convidar?
Quem vem junto, quem é invisível?
Quem são os convidados mais importantes?
Quem é o seu convidado de honra?

## OS CONVIDADOS

A sonhadora
A espiritualista
A feliz
A orgulhosa
A medrosa
A consumista
A egoísta
A tímida
A ambiciosa
A ciumenta
A invejosa
A manipuladora
A arrogante
A mandona
A dependente
A solitária
A independente
A individualista
A aventureira
A crítica
A diva
A efusiva

A meiga
A bonitinha
A generosa
A depressiva
A engraçada
A irritante
A intrometida
A fofoqueira
A teimosa
A sonhadora
A realista
A sensual
A paqueradora
A romântica
A esportista
A descomplicada
A competitiva
A sentimental
A dramática
A amorosa
A inteligente
A filósofa

A perfeccionista
A lenta
A esperta
A positiva
A inventiva
A negativa
A chorona
A carinhosa
A mãe
O pai
A criança
A sociável
A antissocial
A invisível
A mágica
A prazerosa
A criativa
A bruxa
A voluptuosa
A charmosa
A refinada
A sensível

## DICAS PARA UMA BOA FESTA

Convide todo mundo pessoalmente. Quando chegar um convidado, cumprimente-o e diga: "Seja bem-vindo. Foi fácil me encontrar?" E imagine quais serão as respostas. Uma festa animada é sempre imprevisível. Por isso, é uma boa ideia que certas pessoas fiquem longe umas das outras. O Medo, o Drama e o Orgulho vivem se engalfinhando, e a festa poderia acabar da pior maneira.
Separe os amigos dos conhecidos. O Orgulho é uma faceta importante, que não pode faltar, mas você não precisa convidar todas as suas seguidoras, como a Manipuladora, a Egoísta, a Antissocial e a Competidora. Seja uma boa anfitriã e apresente o Orgulho à Boazinha e à Invisível. Elas estão tão acostumadas a ficar à sombra que uma conversa com o Orgulho criaria uma dinâmica completamente inesperada.

## LUGARES À MESA

Antes do baile haverá uma pequena refeição para os convidados de honra, as suas sete figuras-chave. Para a maioria das pessoas, as figuras-chave são:

- O Poder (seria engraçado acomodar o Poder ao lado da Alegria, e não da Raiva. Se eles conseguissem se entender, a evolução do Poder seria totalmente diferente).

- O Amor (ele ficará mais à vontade se os seus parceiros Drama, Sentimento e Romance não estiverem por perto).

- A Alegria (sem as colegas Consumista e Fofoqueira, que querem ser sempre as primeiras da fila. O que a solitária e pura Alegria tem a lhe dizer?).

- O Medo (sozinho, sem nenhum de seus conhecidos, para que ele fale somente por si mesmo).

- O Orgulho (sem o Medo, o seu amigo nervosinho. No contexto certo o Orgulho garantirá que você cuide bem de si mesma, dê o melhor de si e se diverta. É uma personalidade nobre, desde que fique longe do Medo e do Egoísmo).

- A Criança (em toda a sua vulnerabilidade, mas também com seus lados criativo e encantador. É melhor manter a Criança longe da Realista e da Pessimista).

- A Luz (o eu superior, o principal morador do seu Castelo nas Nuvens, o Eu De Verdade, seu lado espiritual, sua conexão com o Todo – chame como quiser. Puxe uma conversa e verá que a Luz sempre esteve disponível, e você talvez só não lhe tenha dado ouvidos. Peça a opinião dela sobre questões que sejam importantes na sua vida neste exato momento).

## FRASES INICIAIS

Essa refeição pode ser feita no salão nobre do seu Castelo nas Nuvens ou na mesa da cozinha, mas sempre num lugar reservado, onde não haja ninguém para perturbar. Distribua os lugares à mesa e sente-se à cabeceira. A seguir estão algumas frases que você talvez possa usar para iniciar a conversa. Faça uma pergunta a um dos seus convidados e sente-se no lugar dele. Sente-se no lugar de quem vai responder. Procure se diluir completamente nessa personalidade e tente responder por ela ao anfitrião/Eu De Verdade. Tudo isso pode acontecer dentro da sua cabeça, mas o efeito será muito melhor se você trocar realmente de lugar (novamente, certifique-se de que não haja ninguém por perto).

Para o Poder: "Oi, tudo bem?" (é, você conseguiria ter pensado nessa sem ajuda), "O que tem feito ultimamente?", "Como posso usá-lo melhor?", "Quais são as suas intenções?", "É isso mesmo que você quer?"

Para o Amor: "O que é preciso para você se sentir livre?", "Quer me dizer alguma coisa?", "Estou lhe dando espaço suficiente?", "Gostaria de ser a minha principal voz durante algum tempo?", "Se você se tornar, como será?"

o amor
a criança
a alegria
o orgulho
o poder
o medo
a luz

Para a Alegria: "Posso sentir mais você?", "O que a impede de estar mais presente?", "Posso ficar mais tempo com você?"

Para o Medo: "Ainda bem que você está aqui, agora podemos relaxar". (O medo é muito sensível ao reconhecimento.) "Se eu prometer que vou ouvi-lo, promete relaxar um pouco?", "Quer beber alguma coisa? Um *mojito*, talvez?"

Para o Orgulho: "Você está ocupado?", "Gosta de se sentir tão ocupado?", "Embora pequeno, o seu papel é muito importante. Se quer mesmo fazer alguma coisa, acha possível se orgulhar de todos que estão aqui nesta mesa e não só de si mesmo?", "No que me diz respeito, aceito que você tenha um papel passivo e apenas observe para encontrar do que se orgulhar, em vez de buscar ativamente algo para se orgulhar. O que acha disso?", "Você receberia A Invisível sob sua proteção durante algum tempo, alguém que sempre se considera inferior?"

Para a Criança: "Como se sente?", "Você quer se sentar no colo de quem?", "O que mais gostaria de fazer neste momento?", "Está feliz?"

Para a Luz: "Quer saber por que ouço você tão raramente? Às vezes é difícil ouvir porque você fala muito baixo", "Por favor, fique comigo".

Você pode convidar quem quiser para essa refeição e até permitir que as "más" qualidades se tornem públicas. Ao reconhecer uma faceta, você tem controle sobre ela, porque é a anfitriã e tem a palavra final. Se você negar os seus aspectos negativos, eles sabotarão a sua festa ou ficarão presos em outras partes do seu Castelo nas Nuvens. Então, dê uma festa de vez em quando e dê a eles a oportunidade de serem vistos e ouvidos. Ouça o que eles têm a dizer e deixe-os à vontade. Essas vozes também fazem você ser quem você é.

## VIP

E se você só pudesse convidar um pequeno número de pessoas para a sua festa? Se pudesse convidar dez personalidades, quais seriam? O que a define? E se pudesse convidar apenas seis?

E se você (acho que já estava imaginando) pudesse convidar só três? Uma festa muito exclusiva. Quais três personalidades definem sua essência? Vamos perguntar de outra maneira: Quais as três personalidades que teriam as vozes mais importantes? Há diferença entre quem você é e quem gostaria de ser? Por que não convidar personalidades que ajudem você a ser quem é e permitir que as vozes delas sejam ouvidas por algum tempo? Pratique no seu Castelo nas Nuvens. Tente enxergar a vida através da Alegria e do Amor (ou de quem preferir) por um tempo e veja o que acontece.

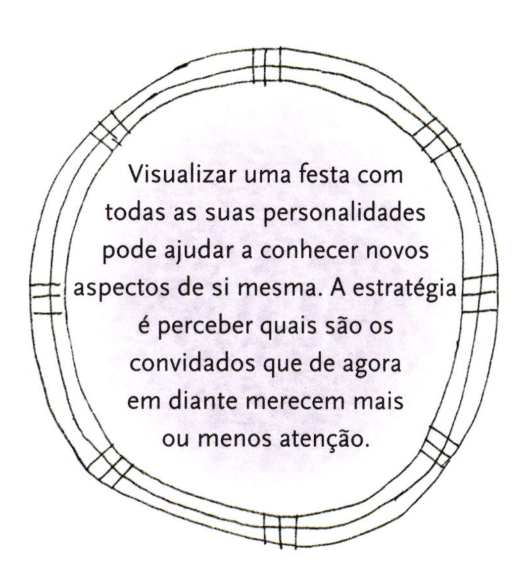

# jardim dos desejos

Plante sementes no Jardim dos Desejos. Se forem bem cuidadas e se você confiar, seus desejos se realizarão. Uma semente de desejo é algo que você almeja muito e, também, é prometer a si mesma que dará muita atenção a essa vontade. A atenção é o melhor fertilizante que existe (de maneira positiva e negativa). Tal como na semente, tudo está potencialmente presente dentro de um desejo.

## FORMULE O SEU DESEJO

É assim que se faz. Você formula o seu desejo: "Desejo para mim que..."

Sim, as sementes do desejo são sempre para você. Você só pode manifestar desejos que sejam seus. A parte mais importante da fórmula mágica é que as palavras sejam sempre positivas. São afirmações. Então diga: "Eu quero confiar em mim" em vez de dizer "Eu não quero ter medo". A palavra medo age como um alarme para o coração, mesmo que você queira dizer "não ter medo". É como gritar "Nada de pânico, nada de pânico" e deixar todo mundo assustado. Ninguém se aborrece se alguém disser "Não ame, não ame" porque só o que o coração consegue ouvir é a palavra amar.

Note como estas duas frases são diferentes; basicamente, significam a mesma coisa, mas entre elas há um mundo de diferenças.

Sou infeliz.
e
Quero ser feliz.

Assim é.

Você formula um desejo. Fala em voz alta aquilo que deseja e planta o desejo no seu Jardim dos Desejos. Rega e fertiliza o desejo todos os dias; dá o que o desejo precisa. E, ao mesmo tempo, repete em voz alta vinte vezes o que é que você deseja.

Reserve um tempo para fazer isso. Você tem toda a liberdade no seu Castelo nas Nuvens, poucas obrigações, mas alimentar o seu desejo é uma prioridade.

## PERMITA-SE DESEJAR

Esse é o primeiro passo para realizar o seu desejo. Na verdade, a parte mais difícil é acreditar. Tente imaginar o seu desejo realizado. Vamos, imagine.

Por que é tão difícil visualizar o desejo na sua frente? Provavelmente tem relação com ter ou não ter coragem, ser ou não ser capaz de criar a realidade que você deseja. Isso é a pior coisa que existe. É o dragão que você precisa matar para chegar ao Poço da Abundância: medo de não se tornar quem você quer ser. Esse medo a impede de continuar sonhando. Você pode matar o dragão olhando-o diretamente nos olhos e dizendo: "Mesmo que seja impossível, é isso que eu quero". E visualize mentalmente a imagem do que você deseja.

Entrar numa discussão sobre força de vontade, "Você está enganado, eu vou conseguir", deixará você vulnerável porque sua energia será desperdiçada em defesa das suas habilidades e dos seus argumentos. Não entre nessa. Entretanto, o desejo é incontestável. A única resposta possível é: "Pode ser, mas é o que eu quero". Insista e você se fortalecerá.

Jamais desista de um desejo por duvidar das consequências. As coisas costumam dar errado no início do desejo, não no fim; há mais desejos abandonados do que não realizados.

mas é isso que eu quero

VOCÊ NÃO VAI CO

## A ÁRVORE DA GRATIDÃO

O melhor lugar para plantar o seu desejo é à sombra da Árvore da Gratidão. Use as folhas dela para escrever sobre as coisas pela qual é grata. Agradecer por obrigação é como recuar no tempo; lembra-se de quantas vezes você ouviu "Como é que se diz?" ao ganhar um presente? Sentimos a verdadeira gratidão quando estamos realmente satisfeitas e não quando dizemos "Muito obrigada" por educação. A árvore dará frutos desde que eles sejam colhidos.

Antes de plantar a sua semente do desejo, fique em silêncio e pense no que a deixa feliz, no que você gosta, nas coisas pela qual se sente grata. Você pode fazer isso diariamente para se conscientizar das pessoas e dos acontecimentos que tornam sua vida tão valiosa. E criar um solo fértil para novos desejos. O plural de gratidão é abundância.

Em seguida, expresse o seu desejo vinte vezes.

E deixe-o no jardim para que se realize. Espere uns quarenta dias. É o tempo que uma semente leva para germinar. Quarenta dias também é o tempo que um ato leva para se tornar um hábito.

Fora de seu Castelo nas Nuvens, você pode escrever o desejo em um papelzinho e colocá-lo em um vaso de flor. Deixe o vaso sobre a escrivaninha ou no parapeito da janela e "regue" vinte vezes ao dia. Você também pode usar um vidro de geleia, uma bolsinha pendurada no pescoço ou mesmo escrever com sabonete no azulejo do banheiro. Você pode repetir o desejo escrevendo com o sabonete vinte vezes.

É muito fácil dizer que os seus desejos sempre se realizarão. Se você deseja ganhar um milhão em até 24 horas, isso não acontecerá necessariamente. Ou desejar andar se estiver paralisada. Ou querer que George Clooney fique caidinho por você. Isso não tem nada a ver com o fator de realização dos desejos, mas com o tipo de desejo, porque alguns são fisicamente impossíveis. As necessidades mais profundas serão satisfeitas se o desejo for formulado corretamente: "Quero me sentir cheia de riquezas". "Quero ficar em paz". "Quero um namorado que eu admire tanto quanto o George Clooney."

## QUAL É O SEU DESEJO?

Chegou a hora de fazer alguns desejos. O que você deseja? Valerá a pena repetir esse desejo vinte vezes ao dia durante quarenta dias? Ou isso lhe custará muito? (Serão oitocentas vezes ao todo.) Se for uma troca justa, formule o seu desejo e combine consigo mesma:

1. Dar a atenção que o seu desejo merece repetindo-o vinte vezes por dia durante quarenta dias.
2. Confiar que tudo dará certo.
3. Estar aberta para que esse desejo se realize da melhor maneira. Ou seja (e que isso fique bem claro), não forçar nada nem pensar em um jeito ideal de realizar o desejo.

O Jardim dos Desejos do seu Castelo nas Nuvens ajudará a realizar os seus desejos e também a reconhecer que a língua que você fala em voz alta exteriormente e a que fala em voz baixa interiormente. Você se expressa por negações ou por possibilidades? Você realiza assim a profecia realizadora do desejo?

Você pode usar sementes de desejos que já existem.

pela caneta
eo Papel
pela
música
pelas boas
piadas
pelas
boas histórias
por
hoje
por
amanhã
pelo ar
puro
pelas estrelas
que brilham
no céu

…és que
…vam aonde
…uiser

pela minha
banda preferida

por quem se
esforça para me
entender

pelo cachorro
que gosta
de mim

pelas crianças
que adormecem
no meu colo

pelos
milagres do
dia a dia

pela
água

pela
fofura dos
coelhos

# biblioteca

A Biblioteca é a morada da sua intuição. Esse conhecimento interior é bom conselheiro quando você tem um problema para resolver. Crie um espaço bem bonito porque a sua intuição é um tipo de lógica incrivelmente rápida que olha para tudo de uma forma muito interessante. Talvez não acerte sempre, mas merece ser ouvida. Quanto mais você ouvir, mais clara e mais pura a voz será.

Às vezes, é difícil ouvir essa voz. Na Biblioteca, os livros têm encadernação de couro marrom e estão organizados em ordem alfabética, porque, por alguma razão desconhecida, você acreditará mais no que já sabe se estiver escrito. Então imagine a si mesma no meio desses livros – de olhos fechados. Respire profundamente e pense no que precisa esclarecer, no problema que precisa resolver. Mantenha os pés firmes no chão e procure pensar com o corpo em vez de com a cabeça. Como estão as suas pernas, leves ou pesadas? E a barriga, está vazia ou cheia? E o seu peito, a respiração, estão soltos ou oprimidos? E a garganta, aberta ou fechada? E os maxilares, soltos ou presos? Após percorrer todo o corpo, você saberá como está se sentindo na atual situação. Agora procure nos livros as palavras que descrevem esse sentimento. Veja quais são elas. Se o seu corpo não lhe ajudar mais a encontrar a resposta certa, pergunte a outras pessoas.

Na Biblioteca do seu Castelo nas Nuvens, você pode recorrer à intuição para solucionar os seus problemas. Simplesmente por consultar essa conselheira, saberá onde a solução pode ser encontrada.

Se você tivesse um problema, a quem pediria conselhos?

O que Bree Van de Kamp diria?
O que Keri Smith diria?
O que Deepak Chopra diria?
O que Pippi Meialonga diria?
O que o Dalai Lama diria?

No vestiário estão todos os trajes que possibilitam que você se apresente de várias maneiras. Crie um espaço bem bonito e depois comece a escolher a camiseta do dia.

## FRAMISETAS

No seu Castelo nas Nuvens há uma arara repleta de framisetas – camisetas com frases. Elas servem para exibir no peito as coisas de que você gosta. E se o que você gosta for você mesma? Se você usar uma dessas camisetas no seu Castelo, certamente começará a sentir o que a frase expressa. Que camiseta você usaria hoje? E como seria se usasse essa camiseta no seu dia a dia?

Confio em mim. Sempre
Eu me sinto tão bem
Esbanjo saúde
Sou o sol da minha vida
Amo o meu sorriso
Eu sou a luz
Eu me amo
Meu Deus também te ama

## TRAJES TÍPICOS

Imagine um guarda-roupa repleto de trajes que lhe deem um talento especial. Um equipamento de golfe deixaria você parecida com Tiger Woods; um par de asas permitiria que você voasse; uma calcinha vermelha lhe daria força e coragem – porque a cor vermelha estaria próxima do osso sacro, na base da coluna vertebral. Os tênis com sistema de amortecimento de ar deixariam você mais leve para caminhar. A malha de lã feita à mão deixaria você fofinha. Com o chapéu de pelos, você poderia rugir. Sapatos de salto vermelhos a transformariam numa sedutora. Com o seu vestido floral, você se sentiria a própria natureza. O sobretudo a protegeria dos olhares críticos. A camiseta transforma o tempo em verão. Os chinelos deixariam você calma e feliz com o que tem. Com o anel luxuoso, você é uma noiva sensual; com o maiô de balé você é leve e ágil. Qual traje você escolheria? Qual deles você gostaria de ter?

Qual traje você gostaria de usar?

roupa de baixo vermelha dá força, coragem e paixão

roupa íntima azul dignifica e tranquiliza

calcinha laranja é puro bem-estar

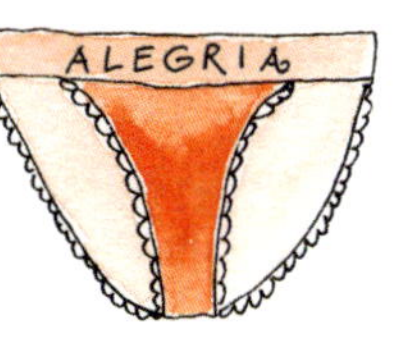


LIBERDADE

lingerie verde dá uma sensação de harmonia e liberdade

calcinha amarela fortalece a determinação

use este lenço e você dirá coisas incríveis, até mesmo em público

com estes cílios postiços, você vai conquistar todo mundo

este gorro violeta vai estimular a sua espiritualidade

com as unhas dos pés pintadas, vai ser impossível tirá-la do sério

com estas luvas, você vai saber delegar

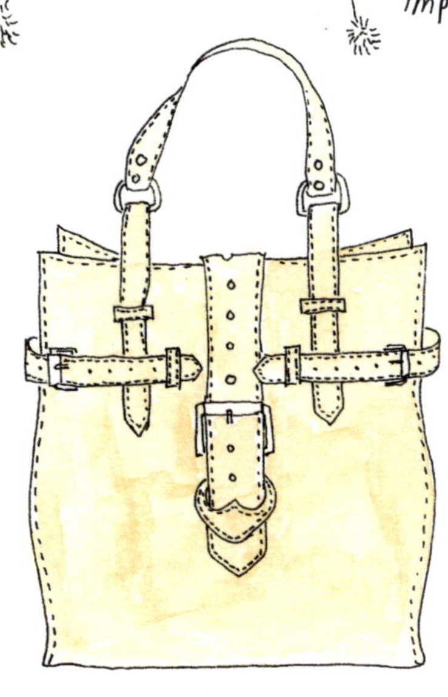

com uma bolsa tão grande, você será perfeitamente capaz de aceitar ajuda

## UM ESPELHO INVERTIDO

Diante deste espelho, você não pode fazer críticas ao seu corpo. É o corpo que examinará você. O que ele diz quando olha para você? Ele também vê as pequenas falhas da sua personalidade? É tão rígido quanto você é com ele? Ou é muito mais gentil do que você costuma ser com ele? Seu corpo implora por um olhar menos crítico? Além de se esforçar tanto para manter você saudável, combater os germes etc., ainda tem que pedir por comida, exercício, espaço, ar?

## O PERFEITO ESPELHO HUMANO

Com frequência, usamos os outros como espelhos. Um exemplo simples: você conta uma piada, outras pessoas riem, você se acha engraçada. Se as pessoas não riem, você pode acabar pensando que não é engraçada. Você tende a relacionar a sua autoimagem com o reflexo da reação dos outros.

Se você se olhasse no espelho e visse uma imagem alongada, deformada, presumiria que alguma coisa está errada com o espelho, não com a sua imagem. Usar as pessoas como espelho é o mesmo que se olhar em um espelho defeituoso. Elas podem estar muito ocupadas naquele momento, desinteressadas, numa situação completamente diferente, com "conotações" muito diversas, com inveja ou então simplesmente não entenderam o que você disse. Projetar-se nesse espelho defeituoso pode fazê-la ficar com raiva e decepcionada com essa imagem (que a representa).

Tente encontrar um "espelho humano perfeito" para se olhar. Sejamos realistas: as pessoas não vieram ao mundo para servirem de espelho. Mas, se você costuma usá-las dessa forma, faça direito. O espelho humano perfeito é oferecido em diversos modelos. O que o espelho pai ideal reflete quando você se vê nele? Ideal no sentido de que ele tem todo tempo do mundo para refleti-la, tem muito espaço, sente carinho por você, como um adulto desvencilhado do passado. E tem oportunidade de ver você por inteiro. E o que ele vê? O que ele reflete? Você está feliz com isso? Você irradia energia suficiente na vida real para projetar um reflexo desses? Olhe-se em todos esses diferentes espelhos. E encontre um lugar permanente em seu Castelo nas Nuvens para aqueles que mais lhe agradam.

O que o pai, a mãe, o irmão, a irmã, o patrão, o empregado, o amigo, o marido, a filha, o filho, o professor, o treinador veem ao refleti-la?

No Closet do seu Castelo nas Nuvens você pode se enxergar de várias maneiras, de vários ângulos diferentes.

É praticamente impossível obter uma imagem real de si mesma usando as pessoas como espelho. Mas como você faz isso com frequência, se não o tempo todo, imagine como seria o espelho humano perfeito. O que você veria se olhasse para si do ponto de vista do pai ideal e de outras pessoas perfeitas? (No sentido de serem calmas, compreensivas, abertas, amorosas, com tudo a seu favor.)

Todas as pessoas conhecem o bem e o mal. Todas são boas e más. Mas você pode escolher se quer alimentar e fortalecer o seu lado mal e os maus pensamentos ou simplesmente ignorá-los. Ignorar não é o mesmo que negar; qualquer coisa persistentemente negada a agarrará pelo pescoço em uma viela escura num dia qualquer.

O melhor a fazer com o seu lado mau é reconhecer que ele existe e acomodá-lo na mais luxuosa suíte de um hotel. A suíte é tão confortável que ele não vai querer sair para se manifestar. Deixe-o ficar lá, cada vez mais preguiçoso, um tanto barrigudo, às vezes sem tomar banho, geralmente sem roupa, fartando-se no frigobar e mimado pelo serviço de quarto.

É bom saber onde está o seu lado mau por duas razões: se ele estiver bem instalado na suíte 13, não estará em nenhum outro lugar. E poderá ser encontrado quando, num ataque de raiva, você precisar da sua coragem destemida e energia ilimitada.

Sentir raiva é mais fácil. Ficar com raiva é bem diferente. E mais perigoso porque pode interferir no ambiente ou destruir um relacionamento. Então parece mais fácil ficar em paz e se controlar – se isso resolver. A raiva não pode ser realmente contida porque ela escapa por todos os lados: numa respiração mais forte, num olhar enviesado, quando você diz "tudo bem" com um sorriso de mártir e não aceita ajuda, sabota a espontaneidade e a alegria do outro, faz uma fofoca, não perdoa, faz maldades e ameaças (não a convidarei para a minha festa).

Talvez a raiva não usasse tantos subterfúgios se tivesse permissão para se expressar – se não fosse tão reprimida, tão acalmada, tão controlada. Visualize-a no interior da suíte. Ali ela tem permissão para ser o que é.

## NO FRIGOBAR

Você pode manter sua raiva viva alimentando-a com as garrafinhas do frigobar. Basta escolher e dar nome ao "veneno" certo. Dentro daquelas garrafas há essências puras, não diluídas, com alta porcentagem de raiva. Todas as expressões de raiva distorcidas estão disfarçadas em inocentes bebidas e coquetéis. O frigobar disponibiliza algumas essências básicas de raiva. Para as mais pessoais, você terá que chamar o serviço de quarto.

Assim como a raiva por uma decepção: você não recebeu o que esperava ou desejava receber (promoção, atenção, elogio, um novo corte de cabelo, reconhecimento).

Raiva pela sua impotência: acontecimentos sobre os quais você não tem controle ou acha que não tem (manha de criança, vizinhos barulhentos, contas que não param de chegar).

Raiva camuflada: é melhor a raiva expressada do que tristeza e mágoa reprimidas (é o caso típico da raiva adolescente).

Raiva por medo: é uma técnica de ataque para evitar a rejeição, o constrangimento. Digamos que é uma falsa autodefesa, porque talvez não haja ataque. E, se houver, é melhor sentir raiva para se proteger.

Raiva por amor: quando pessoas, animais, tudo aquilo que você ama e cuida sofrem uma injustiça.

Raiva para se proteger: proteger o que é seu, o que faz parte de você, o que está dentro dos seus limites, mas também os seus princípios, sua integridade, seu corpo – são todos limites intransponíveis. Você fica com raiva quando esses limites são invadidos – ou deveria ficar.

Da próxima vez que sentir raiva, vá para o frigobar, abra a garrafa correspondente e prove a raiva pura. A raiva é também um bom sinal: demonstra que você se importa e não é indiferente aos acontecimentos.

Às vezes, não basta sentir raiva, é preciso ficar com raiva. Quando você é enganada ou alguém ultrapassa os seus limites. Mas ficar com raiva é traiçoeiro. O segredo é a dosagem: estou exagerando ou a mensagem não foi compreendida ainda? – nem de mais nem de menos. O que você quer? Quer ter razão, vingar-se ou só quer mostrar que está incomodada?

Saber ficar com raiva é uma arte. Em seu Castelo nas Nuvens há quatro controladores de raiva que podem ajudar. Use-os estrategicamente e deixe o trabalho na mão deles. Há um curso ministrado pelos Controladores da Raiva exibido num canal fechado da TV do hotel. Deixe seu lado ruim assistir. Talvez ele aprenda alguma coisa.

Quais são as raízes do seu mal? Qual é a essência da sua raiva?
Escolha o seu veneno.

## OS CONTROLADORES DA RAIVA

### O TREINADOR

O treinador é o profissional por excelência. Ele é capaz de jogar a bola, e não a pessoa, em todas as situações. Não importa quanto esteja furioso, fica com raiva sem pedir desculpas, sem acusar alguém. Apenas aumentará a carga emocional da situação. E também pode ser implacável. Ele jamais dirá, "Sinto muito, mas é um absurdo você não prestar atenção porque precisa atender a ligação do seu namorado", porque nada disso é relevante. Mas ele diz, do fundo do coração: "Maldito vaso. Tinha que quebrar? Isso me deixa louco da vida". Ele desabafa, sente-se aliviado e não põe mais lenha na fogueira. A outra pessoa, se quiser, pode se desculpar ou não. Mas, por não ter sido agredida, não sentiu necessidade de se defender, de contra-atacar. É bonito de ver.

### A PURISTA

A purista só menciona os sentimentos que surgem diante da situação: como ela está se sentindo. Por isso não diria: "Sua desastrada! Tinha que deixar o vaso cair e quebrar?", mas "Esse vaso era muito importante para mim, e porque você não me disse que o quebrou, sinto que você não me dá valor".

Isso dá chance à outra pessoa de explicar que amar um vaso e amar alguém são dois jeitos de amar completamente diferentes e que não devem ser confundidos.

O estilo da purista nem sempre funciona. Pode ser também um jeito dissimulado de acusar alguém – e, nesse caso, não dá muito certo. Quando se trata de questões emocionais, você pode escolher a purista, a purista pura. Ao entrar em ação, ela tende mais para o lado suave (dependendo do trabalho que você faz, é claro).

### A GELADEIRA

A geladeira fica quieta durante um tempo. Aproveita então para pensar, digerir, comparar, abstrair e construir um argumento arrogante, incontestável, mortal – que pode ou não ser expresso. É uma estratégia elegante, mas requer muita energia porque a reação lenta pode fazer o outro pensar que tudo está resolvido. Você tem que saber lidar com isso. Não deixe o outro provocar uma reação, a menos que você já tenha toda a discussão planejada.

### A FLORISTA

A florista deixa tudo acontecer – racional ou irracional, maldosa, vulgar, emocional, o que for. Ela berra e grita aos quatro ventos. Acusa e pede desculpas, e só para quando fizer e sentir tudo, quando todos os contextos e as possíveis consequências estiverem expostos, gritados em todos os tons, cores e linguagens possíveis. No fim, ela sempre tem que se desculpar, e por isso é a florista. Não a solicite muito, só de vez em quando, nos relacionamentos frustrados. Sua interferência ou causará o rompimento ou ajeitará tudo, e em ambos os casos as coisas ficarão melhor do que eram antes.

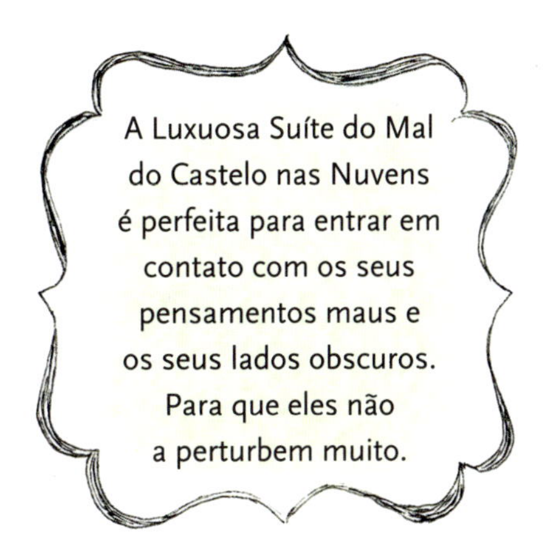

# Cinema della memoria

Construa um cinema em seu Castelo nas Nuvens
com uma tela grande e três fileiras de poltronas de veludo
vermelho, grandes e confortáveis. Sente-se no meio da sala, e,
se quiser, convide alguém para assistir com você;
mas antes assista sozinha.

Há um pequeno orifício em cima da sua cabeça para o projetor. Um controle remoto mágico na sua mão. O que há de especial no cinema do seu Castelo nas Nuvens é que você pode avançar ou voltar no filme da sua vida. Pode também apagar ou regravar cenas.

Use o cinema para apagar as lembranças ruins e substituí-las por uma situação ideal. Como gostaria que tivesse sido? É possível fazer essa situação se realizar no futuro? Esse controle remoto pode interromper uma lembrança ruim, regravá-la e lhe dar outro sentido. Você vê tudo em tamanho grande na sua frente. Isso não muda nada, mas você ganhará uma enorme força mental. Pode imaginar a pessoa que contracena com você nessa lembrança a assistindo ao seu lado? Você está mostrando lhe como gostaria que tivesse sido? Que reação ela teria? Que parte do passado você levaria para o futuro? Que lembrança apagaria para sempre? Que lembranças e fatos fizeram de você a pessoa que você é hoje?

Use o cinema para se preparar para a realidade. Certas habilidades podem ser aprendidas mais facilmente se forem imaginadas com antecedência. Não assista aos seus pensamentos negativos que poderia ter naquela situação, mas como pretende que ela seja. Como seriam as imagens? E como você é?

Use o cinema para prever o seu futuro. Não como uma cartomante, mas como um navegador, um GPS psíquico. Projete o seu futuro na grande tela 3D. Quais são os sete *trailers* da caixa completa da sua vida de agora em diante? Como se desenvolverá cada aspecto a partir de agora?

## ROTEIROS DO FUTURO

Complete sua coleção!

- Lar
- Trabalho
- Amor
- Família & amigos
- Expressão criativa
- Lazer & diversão
- Crescimento pessoal

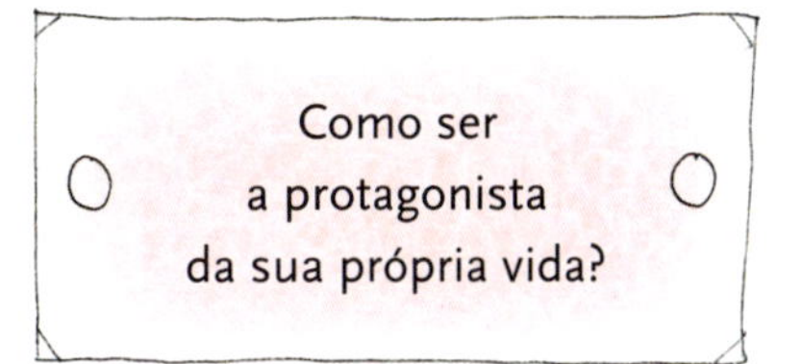

## INTERVALO COMERCIAL

Como seria um comercial seu? Crie vários, um para cada situação: você como amiga, criança, mãe, amante, profissional da sua área. Quais são os seus PVEs (pontos de venda exclusivos)? Consegue pensar em um *slogan* para si mesma?

## NOVAS MEMÓRIAS

É você quem cria as suas próprias memórias – geralmente influenciadas pela maneira como são contadas. Suas primeiras lembranças podem ser as histórias que seus pais contam. Você já ouviu centenas de vezes como caiu na piscina naquele dia, como aprendeu a andar de bicicleta, as palavras engraçadas que costumava dizer – as ouviu tantas vezes que as imagens ficaram gravadas na sua cabeça, como se fossem reais. Talvez até existam fotografias para ilustrá-las, e assim você mesma poderá contá-las, embora fosse muito pequena para realmente se lembrar.

Há também as memórias compartilhadas entre amigos que sempre veem à tona. Duas lembranças diferentes podem se completar para serem revividas mentalmente.

Da mesma maneira que é possível renovar as memórias, também é possível plantar novas lembranças dentro da cabeça. Toda palavra é uma semente. Quando você lê a palavra maçã, na sua cabeça surge a imagem de um objeto esférico vermelho ou verde com um cabinho no topo.

Em seguida, apresentaremos cinco roteiros ideais que podem ser adaptados às suas memórias. Escolha o que mais gostar e assista-o várias vezes. Dê tempo à memória para se adaptar a eles e aceitá-los, como se tivessem sido transplantados.

## ROTEIROS IDEAIS DE LEMBRANÇAS UNIVERSAIS

### CENA 1
### INT. DIA. QUARTO DOS SEUS PAIS

Você tem 6 anos. Você acorda no seu quarto e sai andando como sonâmbula na direção do quarto dos seus pais. Sempre com os olhos fechados, você apalpa a parede, sente a superfície irregular sob seus dedos. Isso machuca um pouco, então você retira os dedos e a dor passa. Seus pés estão quentes, seu pijama é macio e tem cheiro de cama e sono. Você poderia acordar, mas prefere continuar dormindo. Seus pais já estão acordados, você os ouve conversar. O quarto está claro, a luz do sol atravessa as cortinas. Sua mãe sorri, afasta as cobertas, recebe você na cama com um abraço e a acomoda entre ela e seu pai. Você se cobre. Seu pai se inclina, encosta delicadamente o queixo na sua cabeça e sussurra no seu ouvido:

"Bom dia, filha, dormiu bem?" Você está aninhada entre seus pais como um pedaço de queijo entre duas fatias de pão. Virada para sua mãe, você sente o peito sólido e seguro do seu pai nas suas costas. Sua mãe beija o topo da sua cabeça. Seus pais continuam conversando e distraidamente acariciam você como se tivessem um gatinho no colo. Você abre os olhos devagar e espia por entre os cílios. A luz ofusca um pouco, você vê o contorno do rosto de seus pais. Você acorda de vez.

## CENA 2
## EXT. DIA. PONTO DE ÔNIBUS

Você tem 14 anos. Está esperando o ônibus no ponto com a sua melhor amiga. Vocês conversam sobre o que aconteceu na escola. Um homem se aproxima. Vocês o conhecem de vista. Ele as cumprimenta rapidamente e também espera o ônibus, interrompendo a conversa de vocês. O homem tosse, e vocês começam a rir. Você e sua amiga trocam olhares e riem. Se você desvia o olhar, mas sua amiga continua rindo, você também ri. Vocês riem tanto que as lágrimas começam a escorrer. O homem olha para vocês meio incomodado e é razão a mais para continuar rindo, quando deveriam parar. O ônibus chega e vocês se acalmam. Entram no ônibus e se sentam lado a lado. As pessoas estão em silêncio, olhando para lugar nenhum. Isso basta para que vocês comecem a rir novamente. O que o sexo faz com as pessoas que se amam, o riso faz com os amigos. Cria uma profunda cumplicidade porque só eles sabem por que estão rindo. O riso é também uma liberação; não há espaço para nenhum outro pensamento quando rimos. Rir consome o aqui e agora completamente. Vocês saem do ônibus às gargalhadas. Riem até chegar em casa, e caem na risada cada vez que falam com o irmão, a irmã, a babá, o vizinho ou com a mãe. Ninguém entende nada. Isso cria um vínculo de amizade muito mais forte.

## CENA 3
## EXT. DIA. PONTE

Você tem 17 anos. Há várias semanas vem se criando uma tensão entre você e um garoto (ou garota, se preferir) do círculo comum de amizades, um grande grupo de adolescentes que passam juntos as férias de verão. Hoje está fazendo muito calor. Vocês conversam sobre a ponte que atravessa uma represa. Os meninos dão risada. Todos eles estão com roupas de banho. De vez em quando um deles pula na água. As meninas tomam banho de sol. Elas conversam e olham os meninos.

Toda vez que você olha para ele, ele olha para você – vocês se olham diretamente nos olhos e sorriem languidamente. Sem que você perceba, seus olhos brilham e seus lábios se curvam num sorriso. Você morde levemente os lábios, suas faces coradas não conseguem disfarçar. O destino é irreversível. Hoje vocês vão se beijar pela primeira vez – e vão se aproximar. Você tem certeza disso. Nada precisa ser dito.

Vocês pulam na água de mãos dadas. Você solta a mão dele por um segundo quando cai, mas logo volta a encontrá-la. Seu rosto está muito próximo do dele, e se não fosse um amigo que saltou muito perto, espirrando água para todo lado, vocês teriam se beijado. Ainda aconteceu. Mas vai. Vocês se secam ao sol e pouco depois estão novamente sobre a ponte. Já vestidos. Você bebe um gole de suco e a lata gelada refresca os seus lábios. Vocês se debruçam sobre o parapeito, seus braços se tocam. Os amigos chamam o nome dele, ele sorri delicadamente e fica onde está. De hoje não passa. Você tem certeza.

## CENA 4
## INT. DIA. CARRO

Você tem 28 anos. Está loucamente apaixonada e o sentimento é mútuo. Por causa do trabalho, vocês não se veem há três semanas. Você aluga um carro e vai visitá-lo. É um dia inteiro de viagem. Já está na estrada há algum tempo quando começa a escurecer. Você está feliz. Vai ver o seu amor. O carro desliza pela estrada e a rádio que você ouve começa a sair de sintonia. Você procura outra estação. Uma delas toca sucessos que lhe trazem várias lembranças. O estofamento do carro é bege. No teto há uma tira vertical com pequenos orifícios para a entrada de ar. De vez em quando você muda de posição para que suas roupas não grudem no estofamento.

Você começa a sentir fome e entra em um restaurante à beira da estrada. Atravessa o pátio do estacionamento, a placa de néon vermelho reflete no capô. A garçonete tem um chapéu de caubói caído nas costas. Você entra, mas, em vez de se sentar a uma mesa de canto entre duas famílias, vai para o bar onde estão os caminhoneiros. Os olhares se voltam para você, mas você está tão bem consigo mesma que eles a deixam em paz. Um velho caubói de rosto bronzeado, de calça *jeans* e colete, passa por você, ergue a aba do chapéu, diz "Ele é um cara de sorte!" e sai do restaurante. Você paga a conta e sai.

Liga o rádio do carro. Está tocando um *rock* e você canta em voz alta. Quando um carro cheio de rapazes emparelha com o seu, você acena amigavelmente. E, quando cruza de um estado para o outro, você buzina. Um garoto mostra a língua para você, você mostra a língua para ele. Novamente, procura outra estação no rádio e encontra uma que toca música *country*. Você canta junto, com altos trinados. Agora seguirá viagem sem parar até chegar ao destino. Mas para porque precisa ir ao banheiro, jogar um pouco de água no rosto e pentear o cabelo. Alguém escreveu na parede "amar dói". Com seu lápis de olho, você completa "não para mim".

Mais duas horas de estrada e vocês estarão juntos novamente.

## CENA 5
## EXT. DIA. POMAR

Você tem 70 anos. Seu companheiro (ou companheira) tem idade similar. Vocês estão sentados no pomar. Uma chaleira ferve na fogueira. Vocês estão sentados em um tronco de árvore. O verão está terminando. As árvores estão mudando de cor e começa a esfriar. Você usa uma malha de lã muito confortável. Suas mãos estão cruzadas no colo. Seu marido despeja água fervendo sobre folhas de chá e serve uma caneca para você. Quando ele passa a caneca, suas mãos se tocam. Vocês se olham, e nos olhos dele você vê o conforto e a tranquilidade que só os anos de convivência podem trazer. Você é feliz.

O Cinema della Memoria em seu Castelo nas Nuvens é um local para o exercício de assumir o controle das suas lembranças. Você não pode mudar os fatos, mas vê-los de outra maneira com o passar do tempo – e escolher se quer ou não que eles influenciem sua vida.

# estábulo

O cavalo é um excelente meio de transporte.
Ele leva você de A para B e, ao mesmo tempo, traz você para perto de si. Por isso, seu Castelo nas Nuvens deve ter grandes Estábulos Reais voltados para belas e amplas pradarias. Os cavalos ficam soltos e são eles que escolhem se querem ou não passear com você. Os Estábulos do seu Castelo nas Nuvens também podem ter dois andares. Se considerar os andares como uma metáfora, o contato com os cavalos é um teste superior.

Os cavalos sentem quando uma mosca pousa sobre eles. É muito importante para eles sentir o que o outro sente, quer, faz, pensa ou pensa fazer. Eles captam literalmente tudo que você transmite. Para lidar com os cavalos, você tem que corresponder a eles. Não tem que ter força, ser feliz ou sentir medo; nada disso importa. Eles não julgam, mas se atrapalham com a falta de clareza – manter a calma quando você se assusta ou a disciplina quando você sente pena deles. Quando isso acontece, eles não a entendem, não confiam em você, e será difícil exigir que façam qualquer coisa de livre e espontânea vontade.

Para estar em equilíbrio, em sintonia com o outro, você tem que manter toda sua atenção aqui e agora.

Os cavalos leem o seu ser. Quando você interage com eles, sua mente e o seu coração têm que enviar a mesma imagem que você está projetando com o corpo. É um aprendizado superior. Para nós, humanos. Não para os cavalos; para eles é natural.

Para começar, por que você não tenta imitá-los? O estado natural de um cavalo é não pensar em nada e sentir tudo. Exatamente o oposto dos seres humanos, que não sentem nada e pensam em tudo. Talvez nem todos, mas aqueles que vivem fechados nos escritórios, os estressados, os idiotas, com os quais, infelizmente, temos muito em comum. Mude a percepção mental para a percepção sensorial.

Fique ereta, com os pés firmemente apoiados no chão – muito firmes, porque seria melhor que você tivesse quatro pernas. Inspire lenta e profundamente. O tórax balança para trás e para a frente, expandindo quando você inspira e voltando lentamente quando você expira. Seus batimentos cardíacos são tranquilos; projete o coração lá na frente, a cabeça para o alto, quase tocando as nuvens. Uma postura nobre. Enquanto isso, sinta os cabelos ao vento, o cheiro das plantas sob o sol (ou do jornal, da mesa da cozinha, do carro), a espessura do ar, veja tudo que se movimenta, as nuvens, as pessoas. Seus sentidos estão a pleno vapor, mas você não pensa: "Ah, que nuvens bonitas, menos aquela, tão pesada – parece que vai chover". Apenas sente e registre. Só isso.

Mesmo que você não tenha qualquer relação com os cavalos, use-os como exemplo para saber se está no caminho certo. Os cavalos são uma espécie de espelho em tamanho natural.

Eles refletem os seus pensamentos, a sua postura, seu corpo, seu coração, sua mente e suas intenções, tudo ao mesmo tempo.

E assim você pode examinar o seu corpo por inteiro enquanto passeia pelos seus Estábulos Reais. O seu corpo está ligado e a cabeça desligada? A barriga está relaxada, os olhos tranquilos, atentos, os ombros ao mesmo tempo caídos e fortes, o maxilar solto, o peito aberto, as pernas pesadas, os pés aquecidos e bem apoiados no chão? Se estiver assim, os cavalos do Castelo se aproximarão de você (se preferir, deixe a porteira fechada entre eles e você).

Se quiser ir além com os cavalos, comunique-se com eles através do seu abdômen – como se tivesse engolido o controle remoto. Se quiser que os cavalos fiquem longe de você e respeitem o seu espaço, forme uma bola de energia a partir do seu centro. Ou relaxe a barriga se quiser que eles se aproximem. Você pode fazer o mesmo também com as pessoas, mas os cavalos são mais sensíveis e têm reações mais transparentes.

Se estivesse caminhando pelos Estábulos Reais, qual cavalo se aproximaria hoje de você?

2
3
6

5
4
1

## 1. O CAVALO MANSO

"Confie em mim." O cavalo manso é um animal grande e muito calmo. Ao montá-lo, você se sente novamente criança. O cavalo manso só vai aonde quer e tem cuidado com você. Ele anda bem devagar, mostrando tudo o que há pelo caminho. Mas, se você interferir dizendo o que ele tem ou não tem que fazer, ele se voltará contra você. Então, se você estiver se divertindo e ele fazendo o que quer, o cavalo manso é o ideal para você.

Se você admite sinceramente que os cavalos são grandes e assustadores sem se desvalorizar ou se desculpar, o cavalo manso se aproximará amigavelmente de você.

## 2. O CAVALO DÓCIL

"Faço o que você mandar, mas não somos amigos." O cavalo dócil é hipersensível e veloz como um raio. Ele dispara com a velocidade de uma seta à menor instrução. Mas é aí que se esconde o perigo. Ele fará qualquer coisa, mesmo que você se assuste ou possa se ferir. O desafio, portanto, não é fazê-lo realizar o que você quiser, mas criar uma amizade e um vínculo de confiança. Se você sabe onde o seu limite termina e o dele começa, vocês podem ser grandes amigos. Se lhe dá prazer pensar no outro para ganhar confiança, então este é o seu cavalo. Juntos vocês conquistarão o mundo.

Se você tem paciência e deixa as coisas acontecerem no seu devido tempo, e não tenta forçar ou controlar a situação, o cavalo dócil se aproximará de você com muito mais cuidado.

## 3. O CAVALO BRINCALHÃO

"Somos amigos, mas nem por isso farei tudo que você quiser." O cavalo brincalhão enfia as narinas quentes no seu pescoço, derruba o carrinho de mão, morde seu casaco. Se você é o líder e não comanda com agressões e gritos, ele brincará com você com a mesma ternura. Caso contrário, será teimoso e agressivo. Ele ensinará você a não se desculpar por ser firme nem se envergonhar por ser transparente. Se os limites estiverem claros, vocês dois se divertirão muito quando estiverem juntos.

Se você disser o que quer de maneira objetiva e delicada, o cavalo brincalhão se aproximará e surpreenderá você pela boa natureza, entusiasmo e disponibilidade.

## 4. O CAVALO DOS SONHOS

"Vou levar você comigo e trarei de volta de manhã." O cavalo dos sonhos é um belo alazão branco de crina longa e esvoaçante. Vocês dois sairão dançando pela noite. Você vai dormir e o cavalo dos sonhos está esperando por você. Basta acreditar que ele existe.

Se quiser um cavalo que esteja sempre com você, o cavalo dos sonhos o acompanhará como um protetor e anjo da guarda.

## 5. O CAVALO DE FOGO

"Eu lhe darei toda a força e energia que precisar." O cavalo de fogo é um cavalo bravo e destemido. Quando vocês entram na mesma frequência, os dois são fortes e invencíveis. Fundem-se em uma criatura que não é nem homem nem cavalo, mas faz tudo que quer. Se você não teme o poder que tem, o cavalo de fogo é o melhor amigo para você.

Se você tem muita energia e quer mudar o mundo, o cavalo de fogo se aproximará batendo as patas no chão, empinando-se na sua frente. Se conseguir acalmá-lo e o segurar com firmeza, ele a reconhecerá como igual e ficará do seu lado.

## 6. O CAVALO PRIMAL

"Não me aproximarei, não me afastarei, mas estaremos sempre juntos." O cavalo primal é guiado pela intenção e a intuição. Rédeas, selas, esporas, belo trote e bela postura, tudo isso é bobagem. O objetivo é a união verdadeira. Além do temor por esses animais inspiradores, além da conquista de sua confiança, além da transposição de limites, além da beleza de honra e além do sentimento de ter tudo isso junto está o cavalo primal em toda a sua simplicidade – ele está com você, independentemente de tempo ou de objetivo, e certamente sem razão nenhuma. Há um cavalo primal em todos os cavalos, um estado a ser alcançado quando você está com o cavalo da sua preferência.

Se o que você espera de um cavalo é formar com ele um novo ser, sem expectativas preconcebidas, o cavalo primal se aproximará.

Os Estábulos Reais do seu Castelo nas Nuvens são um bom lugar para descobrir se o seu corpo pode guiar o seu coração e a sua cabeça e se você é a mesma mental, emocional e fisicamente. Escolha um cavalo como guia e troque a percepção mental pela percepção sensorial.

# átrio do coração

Sete *hippies* invadiram o seu Átrio do Coração. Criaram uma comunidade no seu Castelo, à qual todos são bem-vindos. Os *hippies* permitem que você sinta tudo o que é humanamente possível sem qualquer consequência ou responsabilidade. Isso quer dizer que no Átrio do Coração você pode morrer de amor por alguém que não a ama. Pode reavivar sofrimentos que deveriam ter passado há muito tempo. Pode sentir a rejeição sem que o coração se despedace.

Não resista à ideia de ter *hippies* no seu coração. Eles são belos, paz e amor, graciosos. E fazem um trabalho muito bom. É claro que invadir é ilegal, mas vale a pena ver também o outro lado.

Os sete *hippies* construíram uma vida harmoniosa. Eles conhecem e respeitam as qualidades do outro, como prudência, alegria, gratidão, compaixão, autenticidade, conectividade e paz de espírito. Um não tem mais ou menos valor que o outro. Não há um líder. Há espaço para todos brilharem e se destacarem.

Eles têm nomes adoráveis como Alegria, Graça, Paz e Céu. Mas você precisa lembrar como eles se chamam. Correria o risco de favorecer um ou se ligar mais a outro, e interferir na vida deles. Eles sabem o que estão fazendo.

Os *hippies* são autossuficientes e vivem com autonomia. Há uma grande fogueira acesa no meio do átrio aquecendo todo o Castelo nas Nuvens. A horta lá fora abastece a cozinha – e as nuvens fornecem água potável. O carneiro dá lã. A vaca dá leite, e tudo é processado e usado. Os *hippies* trabalham juntos, são uma unidade.

No fim do dia, eles se sentam ao redor do fogo para tocar seus tambores. De vez em quando recebem visitas. Imagine que os seus sentimentos são os visitantes do Átrio do Coração. Todos são bem-vindos e convidados a sentar em almofadas. "Sente-se e conte a sua história." Os demais ouvem como se fosse a aventura mais fascinante, vivenciam com atenção e devoção infinitas, sem qualquer julgamento. Eles deixam a história para o seu narrador. Não fazem drama. E por isso sentem-se livres para falar sem reservas. Os *hippies* não têm autopiedade nem superestimam nada.

O visitante fala de medo, ciúme, solidão ou abandono – qualquer coisa que se possa sentir. Qualquer uma.

Os outros ouvem e entendem. Quando a história termina, o visitante ganha uma tora para alimentar a fogueira. E assim o Castelo nas Nuvens se mantém aquecido.

Se você precisa ser aconselhada sobre alguma questão, os *hippies* a ajudarão. Juntos, eles tomarão uma decisão democrática: "Vá em frente, se apaixone, estaremos aqui se você precisar". Eles não têm medo de nada.

"Sim, viaje, vai lhe fazer bem. Não sei se você tem dinheiro suficiente ou se é o momento conveniente, mas VÁ!" Ou então: "Esse corretor é bom de conversa, mas não convence. Não compre!" Se você ainda não sabe como ouvir os *hippies*, ouça seu corpo. Ouça os tambores, as batidas do seu coração: a calma costuma ser um bom sinal, um ritmo constante também.

Se o estômago ronca (não confunda com fome), a respiração é curta, os batimentos cardíacos são irregulares e você está suando, são todos sinais dos *hippies*, que querem dizer "não é bom, não faça". O coração batendo firme e constante prepara você para um sim. E um excitante, animador e emocionante "FAÇA".

Todas as pessoas são bem recebidas no seu Átrio do Coração, mesmo aquela que lhe criou problema. Veja como fazem os *hippies*: lhe oferecem, sem fazer distinção, uma almofada para sentar, uma xícara de chá e lenha para a fogueira. Essa pessoa

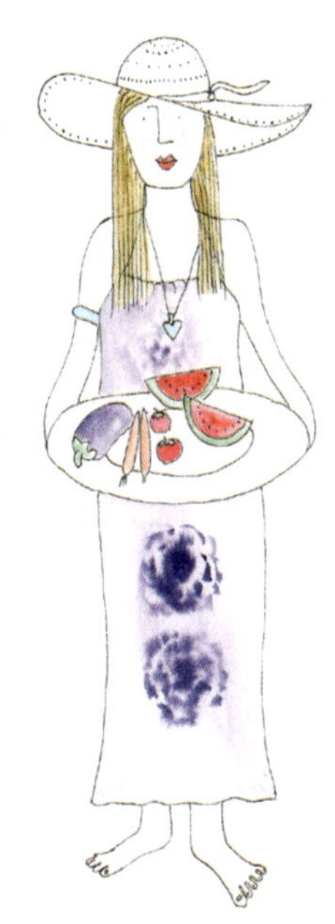

Por onde você andou?
Do que você se lembra?
Para onde você não quer mais voltar?
Aonde ainda pretende ir?

também alimenta o fogo e ajuda aquecer o seu Castelo.

Se você não ouvir o seu coração, os *hippies* se retirarão. Eles evitam a sociedade e suas conspirações, fazem sua marcha de protesto em silêncio. Eles são pacifistas. Afastam-se. Hibernam. De vez em quando tocarão mais forte seus tambores para chamar a sua atenção. De vez em quando você sentirá um frio na espinha porque o fogo precisa ser alimentado. Mas eles ficarão de boca fechada.

O mesmo acontece com o seu coração de verdade. Para que ele possa falar, você tem de ouvir. Se você deixar de ouvir por muito tempo, ele para de falar. Pronto, não falo mais. E, quando isso acontece, a cabeça não tem quem a guie e começa a trabalhar mais do que deve. O mais engraçado é que é o coração que avisa a cabeça quando ela trabalha demais – ele tem palpitações.

O dia que você resolver voltar a ouvir os *hippies* será um dia feliz. Eles não guardam ressentimentos, estão sempre alegres. O que tem que fazer? Pouca coisa. Basta confiar, e eles sabem o que fazem.

Você não controla o seu coração. Não diz quando ele deve bater. O que ele pode ou não pode sentir. Ou quando sentir. Não queira dar nome a todos os sentimentos, e não queira colocá-los em ordem, priorizar um ou outro. Não julgue se o sentimento está certo ou errado, se é justo ou inadequado, se é útil ou indesejado. Deixe isso para os *hippies*. Eles têm coragem de sentir, processar e conservá-lo no Átrio do Coração.

A sua única interferência é a respiração. É a sua linha direta com o Átrio do Coração. Quando a sua respiração fica mais lenta e profunda, os tambores entram num ritmo mais calmo, mais regular, mais profundo – o ritmo do seu coração.

O que você deve fazer aqui? Pouca coisa. Apenas sinta-se muito bem-vinda. Aceite a almofada, a tora, a xícara de chá. Sinta-se querida e amada. Fique à vontade para dançar, chorar, amar, abrir seu coração.

Imagine os convidados e suas histórias. Que tal a história da Solidão? Como foi que aconteceu? E da Exclusão? Do Ciúme? Do Medo? Do Desespero? Da Paixão? Do Entusiasmo? Da Superioridade? Da Vingança? Da Letargia? Da Indiferença, Da Tristeza, Da Euforia? E do Amor por Todas as Coisas?

Você ouve os convidados contarem suas histórias e observa como os *hippies* as ouvem com compaixão, sem tentar se apossar delas. Você não precisa aprender nada com eles, porque eles farão tudo por você. Eles já estão em você; ponha-os para fora.

# saleta da torre

Essa saleta é só sua. É onde está o seu eu supremo.
Que função tem a saleta? Do que ela precisa?
O que você faz aqui? Quem entra com você? Como ela é?
Que cheiro tem? O que você está vestindo? Quais cores você vê? Como é a vista? Como são os móveis? Há muito espaço?
Quem tem a chave da sua Saleta da Torre?

Quais móveis ou objetos
você colocaria na sua
Saleta da Torre?

# Câmara dos tesouros

É na Câmara dos Tesouros do seu Castelo nas Nuvens que
está a suprema gratidão. Você vê e admira a beleza que existe
em todas as coisas assim que entra. Na Câmara dos Tesouros
tudo é valioso, único, digno e mágico. Você sente calma,
tranquilidade, alegria. Fica mais atenta, concentrada, objetiva.
Vê obstáculos como mais que desafios,
experiências traumáticas como mais que aprendizados
preciosos, e os copos como mais que meio cheios
(meio cheios? Tenha dó!) A água é a tinta transparente usada
nos contratos invisíveis que nos unem a todos.
São as lágrimas puras, as lágrimas que os deuses
derramam por todo o sofrimento do mundo. É a pura
essência da fonte, a fonte que deu origem à vida.
Aqui não tem nada meio cheio.

Seu estado é de encantamento e admiração permanentes, profundamente enraizadas, como se as únicas verdades fossem beleza e afeto. Você se sente sábia. Sua respiração é tranquila e regular. Admira sem demonstrar entusiasmo ou qualquer outro sinal externo, porque sabe que a fonte é inesgotável. Você sorri sem perceber. Como é você que reconhece a beleza, é você o verdadeiro tesouro. Aproxime-se um pouco mais e admire a si mesma em um grande espelho dourado.

Visualize um espaço repleto de coisas bonitas. O que você vê?

Uma Sala do Tesouro desperta o sentimento de querer possuir: ouro, diamantes, roupas de grife, carros, belos utensílios, o primeiro prêmio de um popular programa de TV. Pense sobre isso. E divirta-se.

Essa foi a parte divertida. Agora vamos à mais difícil – que também pode ser a parte mais compensadora, apesar de não parecer no princípio.

É fácil nos identificarmos com os nossos objetos. Se eu tenho um carro possante, serei vista como ostentosa. Se uso roupas caras, como bem-sucedida. A autoestima parece aumentar quando nos identificamos com coisas concretas – com nossos relacionamentos, nossos *hobbies*, com a música que ouvimos, os filmes a que assistimos antes de todo mundo.

Parece fácil, mas é muito cansativo, porque não se pode programar o cérebro de outra pessoa. Você não pode criar um perfil de si mesma e controlar o que os outros pensam. Todos são livres para pensar o que querem. Quem você é não se origina na cabeça de outra pessoa. É você quem faz quem você é, na sua cabeça, no seu coração. Você é quem quiser ser.

A boa notícia sobre seu Castelo nas Nuvens é que você não é obrigada a se identificar; é um direito seu se "desidentificar".

Se você se identifica com posses, conquistas, o passado, rituais, hábitos, músicas, a cor do cabelo, a aparência, a fase da vida, pode abandonar tudo na Câmara dos Tesouros. Ao desnudar o seu "perfil", você chegará ao âmago de si mesma. Conhecer-se a si mesma é a conquista mais valiosa. Se der tudo certo, você verá uma pérola. É o que resta quando se limpa toda a areia e o musgo ao redor. É como a fissão nuclear, que fica mais forte quanto mais se aproxima do centro, como um tesouro a ser buscado por toda a vida.

Você não é o carro que dirige.
Você não é a cor do seu cabelo.
Você não é sua altura.
Você não é sua profissão.
Você não é sua experiência traumática.
Você não é suas piadas.
Você não é suas conquistas.
Você não é o seu perfil no Facebook.
Você não é sua idade.
Você não é seu time do coração.
Você não é seus medos.
Você não é a sua casa.
Você não é o aparelho mais moderno.
Você não é seus pensamentos.
Você não é seu círculo de amigos.
Você não é sua família.
Você não é seus pais.
Você não é seus filhos.
Você não é seu peso.
Você não é sua bebida favorita.

Em alguns casos é um alívio se "desidentificar"; em outros, você se sente nua e exposta. É uma espécie de rastro mental. O que sobra quando você se livra de tudo?

Você é o tesouro mais valioso. Mas quem é você? O que é você? Qual é o seu objetivo na vida? Qual é a sua razão para sair da cama pela manhã? Ou, como dizem os japoneses tão lindamente, o seu *ikigai*?

Para descobrir, você pode fazer um Mapa do Tesouro. As diferentes salas do seu Castelo nas Nuvens lhe darão as chaves. Talvez você precise de todas elas, talvez só de algumas, ou talvez precise de outros cômodos e de outras chaves. Talvez algumas salas sejam mais importantes para você neste momento, outras serão em outras fases da sua vida, em outras situações. O seu Castelo nas Nuvens é a oportunidade de transformar a sua mente no seu lugar favorito. É uma forma de olhar para si mesma de uma maneira diferente, de uma nova perspectiva, de onde você pode se aproximar delicadamente.

Talvez você esteja girando em torno do seu tesouro já há algum tempo. Talvez tenha uma leve ideia do tesouro que está escondido em seu peito, mas levará muito tempo para sentir e traduzi-lo em palavras. É para isso que a vida serve.

Você é o seu potencial.
Você é a sua vontade.
Você é o seu espírito e a sua inspiração.

Descubra quem você é traçando o seu caminho
no Mapa do Tesouro. Como as salas do Castelo nas Nuvens
podem ajudar? Para se conhecer melhor, você pode, por exemplo,
expressar os seus desejos (Jardim dos Desejos), vencer seus medos
(Pátio Interno), reconhecer os pensamentos limitadores (Spa Mental),
orgulhar-se de si mesma (Salão), controlar a quantidade de informações
(Cozinha), aceitar a tristeza (Saguão das Lágrimas), ter coragem de confiar
no seu coração (Átrio do Coração), combater a timidez (Suíte da
Vergonha), reconhecer a raiva (Suíte Luxuosa do Mal), desvencilhar-se
do passado (Cinema della Memoria), desinchar o ego (Pequena Capela
do Espírito), desligar o piloto automático do seu pensamento (Escritório).
Parece muita coisa, mas basta querer. O que você gostaria
de encontrar no tesouro que está escondido no seu coração?
Como quer que seja a sua essência? Qual você quer
que seja o seu objetivo de vida?

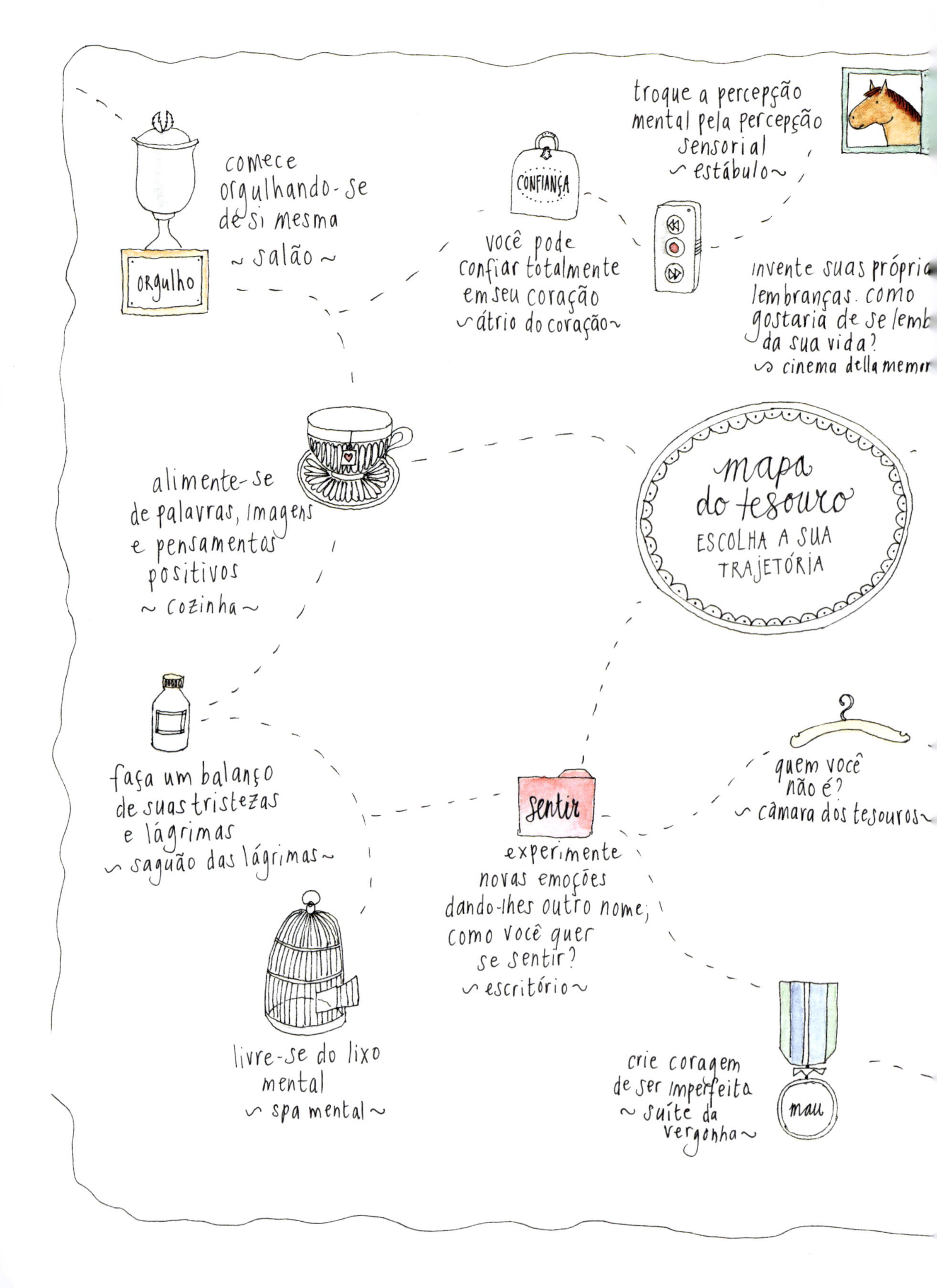
comece orgulhando-se de si mesma
~ salão ~
orgulho
confiança
você pode confiar totalmente em seu coração
~ átrio do coração ~
troque a percepção mental pela percepção sensorial
~ estábulo ~
invente suas própria lembranças. como gostaria de se lemb da sua vida?
~ cinema della memor
alimente-se de palavras, imagens e pensamentos positivos
~ cozinha ~
mapa do tesouro
ESCOLHA A SUA TRAJETÓRIA
faça um balanço de suas tristezas e lágrimas
~ saguão das lágrimas ~
sentir
quem você não é?
~ câmara dos tesouros ~
experimente novas emoções dando-lhes outro nome; como você quer se sentir?
~ escritório ~
livre-se do lixo mental
~ spa mental ~
crie coragem de ser imperfeita
~ suíte da vergonha ~
mau

EU
SIM
POSSO
ouça a sua
intuição
~ biblioteca ~
quem
você é
capaz de ser?
~ closet ~
mate os dragões que estão
entre você e os seus desejos
~ jardim dos desejos ~
você é a sua raiva
e também a sua
loucura
~ suíte luxuosa do mal ~
PRAZER
receba
todas as
suas personalidades
com uma festa
~ salão de festas ~
fique atenta ao seu
ego, quando ele pode
ajudar ou atrapalhar
~ pequena capela do espírito ~
o que faz
você feliz?
~ sala da felicidade ~
Chateau
mirabeau
tenha coragem
de acreditar
no resultado
sem duvidar
do processo
criativo
~ galeria ~
quem você era?
quanto do que você
era continua em você?
~ brinquedoteca ~
tenha coragem
de começar o processo
criativo sem pensar
nos resultados
~ ateliê ~
defenda seu pátio interno; aprenda
a proteger a si mesma ~ pátio interno ~